차세대 제자훈련

문명 위에 성경

차세대 제자훈련

문명 위에 성경

Discipleship

for the Next Generation

김 성 원

뉴매진

차세대 제자훈련

문명 위에 성경

발행일 2022년 9월 5일
자은이 김성원
발행처 뉴매진
출판사등록 2022년 5월 25일 제 566-2022-000015 호
주소 충남 천안시 서북구 두정역길 48, 109-101호
이메일 kimknuu@naver.com
책 주문 010-4413-8151

ISBN 979-11-979406-2-0 (03230)

목 차

머리말

차세대 제자훈련에 오신 것을 환영합니다.

차세대 제자훈련은 미래형 제자훈련입니다.
문명 위에 있는 성경을 탐구하는 것입니다.

과학문명 시대에 하나님의 경륜을 알아가는 것입니다.
거친 사상의 도전을 넘어서 신앙의 진수를 체험하는 것입니다.

차세대 제자훈련은 성경의 기반 위에 있습니다.
복음주의 신앙에 서 있습니다.

차세대 제자훈련은 참된 진리의 세계로 안내할 것입니다.
인생의 진정한 의미를 알게 할 것입니다.
힘겨운 삶을 극복하는 능력을 얻게 할 것입니다.

차세대 제자훈련은 첨단 문명을 넘어서 교회 성장을 이룰 것입니다.

이 책을 위해 도움을 주신 분들께 진심으로 감사드립니다.

자은이

제 1 장 미래형 제자훈련

Disciple

KB202546

Disciple

1. 미래형 제자훈련

① 〈질문〉 왜 **미래형** 제자훈련인가?

② 〈성경〉 문명 위에 크리스천

③ 〈신학〉 **제자훈련의** 복음주의 **신앙**

④ 〈목적〉 미래형 **교회 성장**

⑤ 〈사용법〉 **소그룹** 제자훈련

⑥ 〈신앙〉 크리스천 신앙의 **핵심**

① 〈질문〉 **왜 미래형 제자훈련인가?**

⦿ 미래형 제자훈련은 차세대 사역을 위한 것입니다.
미래형 제자훈련은 **과학 문명** 위에 있는 성경을 탐구하는 것입니다.
미래형 제자훈련은 시대를 초월한 **영원한 진리**를 탐구하는 것입니다.

차세대 제자훈련은 한 단계 깊은 **영적 지평**을 체험하는 과정입니다.
차세대 제자훈련은 다음 세대가 **온전한 크리스천**이 되는 과정입니다.
차세대 제자훈련은 문명 위에 **참된 제자**가 되는 과정입니다.

마태복음 28:19~20
⦿ 그러므로 너희는 가서 **모든 민족**을 **제자**로 삼아 아버지와 아들과 성령의 이름으로 세례를 베풀고 내가 너희에게 분부한 모든 것을 **가르쳐** 지키게 하라 ....

제자훈련은 예수님께서 제자들에게 친히 **명령**하신 것입니다. 아─아멘
제자훈련은 예수님의 **말씀**을 가르치고 지키게 하는 것입니다. 아
제자훈련은 세상 끝날까지 **주님의 명령**을 실천하는 것입니다. 아

제자훈련은 **선택된** 사람에게만 하는 것이 아닙니다.
제자훈련은 **모든 사람**을 대상으로 하는 것입니다.
과학 문명의 사람들에게도 **말씀**을 가르치고 지키게 하는 것입니다.

제1장 미래형 제자훈련

요한복음 8:31-32

◉ 너희가 내 말에 거하면 **참으로** 내 **제자**가 되고 진리를 알지니 진리가 너희를 **자유롭게 하리라** 回

　참된 제자는 예수 그리스도의 진리 안에 거하는 자입니다.
　미래형 제자는 첨단 문명 위에 있는 진리에 거하는 자입니다.
　참된 제자는 위험한 사상을 넘어서 영원한 진리에 거하는 자입니다.

　참된 제자는 고단한 인생의 굴레에서 **자유**를 갖게 됩니다. 回
　참된 제자는 아픈 도전을 이기는 **능력**을 갖게 됩니다. 回
　참된 제자는 죄와 죽음을 이기는 **생명**을 갖게 됩니다. 回

참된 제자는 영원한 가치관을 갖고 **승리**의 삶을 살게 됩니다. 回
참된 제자는 전능하신 하나님께서 능력과 지혜로 **함께**하시기 때문입니다. 回

　　이사야 41:10
.... 내가 너를 **굳세게 하리라** 참으로 너를 **도와 주리라** 참으로 나의 의로운 오른손으로 **너를 붙들리라** 回

　　마태복음 28:20
.... 볼지어다 내가 **세상 끝날**까지 너희와 항상 **함께** 있으리라 하시니라 回

② ⟨성경⟩ 문명 위에 크리스천

◉ 최근에 **성경**과 **과학 문명** 사이에 거리가 있는 것처럼 보입니다.
과학 문명으로 인해서 성경의 영향력이 **약화** 되는 것처럼 보입니다.
과학 문명에 익숙한 젊은이들이 성경에서 점점 **멀어지는** 것처럼 보입니다.

　　과학 문명이 성경을 **가로막고** 있는 것은 아닐까?
　　차세대 젊은이들이 교회를 **떠나게** 되지나 않을까?

　　많은 크리스천이 이 문제를 **걱정**하고 있습니다.
　　교회의 지도자들이 이 문제를 놓고 **고심**하고 있습니다.

◉ 그러나 성경은 첨단 문명의 시대에도 계속해서 **영향**을 줄 것입니다.
성경은 인간의 **생명**과 **진리**에 대해서 증거 하기 때문입니다.
성경은 문명을 초월한 인류의 영원한 **등불**이기 때문입니다.

　　성경은 영원한 **진리**의 말씀입니다. 아
　　성경은 살아계신 **하나님**의 말씀입니다. 아
　　성경은 영생을 위한 **생명**의 말씀입니다. 아

◉ 인류에게 가장 **큰 영향**을 준 책은 두말할 것 없이 **성경**입니다.

　　성경은 차세대에도 영향을 줄 것입니다. 아
　　성경의 생명 말씀은 시대를 초월해서 역사하기 때문입니다. 아

제1장 미래형 제자훈련

성경은 지구촌의 **23억 크리스천**이 믿고 있는 신앙의 경전입니다.

성경은 인생을 아름답고 **풍요롭게** 하고 있습니다.
성경은 고단한 인생에 **생기**를 불어넣고 있습니다.
성경은 크리스천들에게 **영원한 생명**을 주고 있습니다.

③ 〈신학〉 **제자훈련의 복음주의 신앙**

◉ 차세대 제자훈련은 **복음주의 신앙**에 서 있습니다.

복음주의 신앙은 **성경**을 기반으로 한 것입니다.
어거스틴, 아퀴나스, 루터, 칼빈, 웨슬리 신앙의 **전통**에 서 있습니다.
복음주의 신앙은 성경을 **현실**로 믿는 것입니다. 아

◉ 차세대 제자훈련은 기존의 교재보다 진전된 내용을 담고 있습니다.
차세대 제자훈련은 문명과 위험한 사상 위의 성경을 탐구하기 때문입니다. 아

이 책은 각 장마다 **6단계**로 나누어져 있습니다.
① 질문 ② 성경 ③ 신학 ④ 인문 사상 ⑤ 과학사상 ⑥ 신앙입니다.
제자훈련이 **좌**로나 **우**로나 치우치지 않기 위한 것입니다.

① 1단계는 일반 사람들이 궁금해하는 **핵심 질문**으로 시작하였습니다.

② 2단계는 이 질문에 대한 **성경 말씀**을 소개하였습니다.

    성경의 핵심 메시지를 **먼저** 알기 위한 것입니다.
이 제한된 책에서 성경의 **모든** 말씀을 제시할 수는 없습니다.
주제와 **관련된** 핵심 성경 구절을 중심으로 소개했습니다.

③ 3단계는 **신학**의 기본적인 내용을 서술했습니다.

    주제와 관련된 **신학**을 평이하게 다루었습니다.

    신학은 하나님에 관한 탐구입니다.
신학은 성경과 신앙에 대한 해석입니다.
신학은 하나님과 인간과 자연과의 관계의 해석을 포함하고 있습니다.

④ 4단계는 신앙에 도전하는 위험한 **인문 사상**을 살펴보았습니다.

    주제와 관련된 인문 사상의 **내용**을 분석했습니다.

    세상 학문이 복음과 얼마나 **거리**가 있는지 살피는 것입니다.
인문학이 성경의 진리와 얼마나 **친화적**인지 알아보는 것입니다.
기독교 신앙의 진수를 **분명하게** 알기 위한 것입니다.

⑤ 5단계는 핵심 질문과 연계된 **과학사상**을 살펴보았습니다.

제1장 미래형 제자훈련

성경 주제와 연관된 **과학**사상의 내용을 살피는 것입니다.
성경과 과학사상의 **차이**가 무엇인지 알아보는 것입니다.
과학 문명 *위에 있는* 영원한 **진리**를 보기 위한 것입니다.

⑥ 6단계는 주제와 관련된 **크리스천의 신앙**을 정리하였습니다.

성경에 근거한 확실한 신앙입니다. 아

하나님을 향한 변치 않는 신앙입니다. 아

예수 그리스도를 온전하게 믿는 신앙입니다. 아

④ 〈목적〉 미래형 교회 성장

◉ 제자훈련 과정을 마친 사람은 다른 그룹을 **인도**할 수 있습니다.
제자훈련을 통한 **미래형 제자**들이 *기하급수적으로* 늘어날 것입니다. 아

폭발적으로 늘어나는 **제자**들이 교회 사역에 참여할 것입니다. 아

주님의 몸 된 *교회 성장의* 새로운 **도약**이 될 것입니다. 아

하나님 나라를 확장하는 교회 **부흥의 물결**이 일어날 것입니다. 아

◉ 이 제자훈련은 새 신자에게 신앙의 진수를 깨닫게 하기 위한 것입니다. 아

차세대 제자훈련은 크리스천의 신앙을 다지기 위한 것입니다. 아

차세대 제자훈련은 온전한 크리스천이 되게 하기 위한 것입니다. 아

차세대 제자훈련: 문명 위에 성경

차세대 제자훈련은 그리스도의 몸 된 **교회**의 **성장**을 **이루기** 위한 것입니다. 아

　　제자훈련은 **믿음**을 바르게 세울 것입니다.
　　제자훈련은 삶을 **영적**으로 승화시킬 것입니다.
　　믿음 안에서 **교회사역**에 참여하게 될 것입니다.

◉ **믿음**은 순수한 마음으로 **말씀**을 접할 때 성령께서 주십니다.

　　믿음은 보이지 않는 영적 세계의 **증거**입니다. 아
　　믿음은 바라는 것들의 **실상**입니다. 아
　　믿음은 하나님께서 주시는 은혜의 **선물**입니다. 아

　　　　히브리서 11:1
　　믿음은 바라는 것들의 **실상**이요 보이지 않는 것들의 **증거**니 아

◉ 믿음은 바라는 **영원한 생명**을 갖는 것입니다. 아
믿음은 보이지 않는 **하나님 나라**를 체험하는 것입니다. 아
믿음은 **성경**의 **진리**를 현실로 인식하는 것입니다. 아

　　　　야고보서 2:26
　　영혼 없는 몸이 죽은 것 같이 **행함**이 없는 **믿음**은 죽은 것이니라 아

　　믿음은 인생의 여정에서 좋은 **열매**를 맺게 합니다. 아
　　믿음의 좋은 **열매**는 반드시 *교회를 성장하게* 합니다. 아

⑤ 〈사용법〉 소그룹 제자훈련

◉ 중고생 대학생 일반인 모두 제자훈련의 **대상**이 될 수 있습니다.
현대사회는 학력 수준이 **상향 평준화**되어가고 있기 때문입니다.
모두 *SNS와 빅데이터*를 활용하면서 지식수준이 **높아지고** 있습니다.

한국의 *교육 수준*은 세계적으로 **높은** 위치에 있습니다.
한국은 높은 **지식수준**에 맞는 제자훈련이 필요합니다.
이 책은 선진국에서 만든 교재보다도 높은 **수준**에 있습니다.

제자훈련의 소그룹 모임 **인원**은 7~12명으로 합니다.
12명이 넘으면 두 **그룹**으로 나누어야 합니다.
사람 수가 많으면 제자훈련 **효과**가 줄어들 수 있습니다.

◉ 제자훈련 **기간**은 주당 1시간씩 14주입니다.

14주는 교육학적으로 매우 **효과적**인 학습 기간입니다.
학습에 대한 **장기기억**과 **실천**을 가능하게 합니다.
사역자와 학습자가 서로 **친해지는** 기간입니다.

한 번 모임은 **1시간**으로 합니다.
학습 시간은 **30분** 정도로 합니다.
나머지 시간은 감동적인 **친교** 시간을 가집니다.

차세대 제자훈련: 문명 위에 성경

반드시 14주 훈련을 해야 학습자의 **영적 변화**가 일어납니다.

◉ 제자훈련 학습자는 교재를 **미리** 성실하게 읽고 참석합니다.

인도자는 **교재를 중심**으로 읽어가면서 진행합니다.
인도자는 〈작은 글씨 small words〉는 읽지 않습니다.
학습자는 문장 끝에 아가 있는 곳마다 **아멘**으로 *화답합니다.* 아

　　　이 책은 **짧은** 문장으로 구성되었습니다.
　　　글 읽기를 즐기지 않은 **차세대**의 성향을 고려한 것입니다.

　　　성경 말씀은 **경건**하게 읽으면서 진행합니다.
　　　시간이 지나면서 말씀의 **은혜** 안으로 들어갈 것입니다.
　　　말씀의 은혜 안에서 놀라운 **변화**가 일어나게 될 것입니다.

　　　인도자는 교재 내용 외에 추가적인 **설명**은 자제합니다.
　　　교재 내용에 관한 **토론**은 5분 이상 넘지 않도록 합니다.

◉ ⑥번에 있는 **크리스천 신앙**은 인도자를 따라서 읽어갑니다.
감동적인 **찬양**과 간절한 **기도**를 합니다.
영적인 **제자훈련**이기 때문에 *기도와 찬양이* 중요합니다.

　　　제자훈련은 **조용**하고 안락한 분위기에서 진행합니다.
　　　사역자는 **신실**하고 **참신**하게 이끌어야 합니다.

사역자는 SNS를 통해서 학습자들과 신속하게 **소통**합니다.

◉ 영혼이 없는 디지털 문명은 머지않아 스스로 **한계**에 직면하게 될 것입니다. 영혼이 없는 디지털 문명은 **영원한** 가치 세계를 **동경**하게 될 것입니다. 아 메마른 디지털 문명은 사랑과 **생명**을 주시는 **하나님**을 찾게 될 것입니다. 아

주님의 몸 된 **교회**는 오래지 않아 다시 **부흥**하게 될 것입니다. 아

차세대 제자훈련은 문명 위에 **미래교회**를 미리 체험하는 것입니다. 아

⑥ 〈신앙〉 **크리스천 신앙의 핵심**

우리는 제자훈련이 **주님**의 **명령**임을 믿습니다. 아

주님의 명령은 **주님**의 **말씀**을 가르쳐 지키게 하는 것임을 믿습니다. 아

주님의 명령은 주님의 **제자**를 양육하는 것임을 믿습니다. 아

주님의 명령은 **영원한 진리**를 체험하는 것임을 믿습니다. 아

주님의 명령은 **온전한 크리스천**이 되게 하는 것임을 믿습니다. 아

주님의 명령은 열방에서 제자 삼아 **교회 성장**을 이루는 것임을 믿습니다. 아

주님께서 세상 끝날까지 **제자 사역**에 함께 하실 줄로 믿습니다. 아

1. 제자 찬송 **"주님 다시 오실 때까지"**를 감동적으로 찬양합니다.
2. 크리스천 신앙과 제자의 길을 생각하면서 **3분** 동안 **합심하여 간절히 기도**합니다.
3. **주기도문**으로 마친 후에 주 안에서 **아름다운 친교**를 합니다.

제1장 미래형 제자훈련

제 2 장 문명 위에 성경

Bible

Bible

2. 문명 위에 성경

① 〈질문〉 성경과 과학의 **충돌**은 사실일까?

② 〈성경〉 문명 위에 **영원한 진리**

③ 〈신학〉 **성경과** 교회의 **교리**

④ 〈인문학〉 일반 언어와 성스러운 언어

⑤ 〈과학〉 성경의 **과학적** 해석의 모순

⑥ 〈신앙〉 크리스천 신앙의 **핵심**

① 〈질문〉 성경과 과학의 충돌은 사실일까?

◉ 차세대 제자훈련은 **과학** 문명의 **이해**가 필요합니다.
과학 문명의 한계를 알아야 *성경을 바르게* 이해할 수 있습니다.
신앙에 **도전**하는 사상을 넘어서야 *말씀에 깊이* 들어갈 수 있습니다.

　　　과학이 기독교를 괴롭히는 것으로 **오해**하는 사람들이 있습니다.
　　　과학이 교회의 성장을 **방해**하는 것으로 보는 사람들도 있습니다.

　　　과학은 기독교에 **도전**하는 것이 아닙니다.
　　　과학은 신앙을 **부정**하는 것이 아닙니다.
　　　과학의 발달이 교회의 성장을 **방해**하는 것도 아닙니다.

◉ 과학은 **자연** 현상을 알아가는 학문의 **방법**입니다.
과학은 관찰하고 **발견**하고 **이해**하는 것입니다.
과학은 규칙적인 **패턴** 현상에 근거해서 세상을 **이해**하는 것입니다.

　　　그러나 과학은 세상의 **모든** 것을 해석할 수 있는 것이 아닙니다.
　　　과학은 예술의 **아름다움**을 해석할 수 없습니다.
　　　과학은 인간의 **사랑**을 설명할 수 없습니다.

　　　사랑과 아름다움은 규칙적인 **패턴**이 아니기 때문입니다.

제2장 문명 위에 성경

신앙은 과학적으로 분석할 수 없습니다.
신앙은 규칙적인 **패턴**이 아니기 때문입니다.
신앙은 영적인 **아름다운** 지평이기 때문입니다. 아

◉ 성경과 과학은 서로 **긴장** 관계에 있는 것이 아닙니다.
성경과 과학은 서로 **멀리** 있는 것도 아닙니다.
성경과 과학은 하나님의 **섭리** 안에 함께 있는 것입니다. 아

아인슈타인은 **과학** 없는 **종교**는 시각 장애를 갖게 된다고 했습니다.
종교 없는 **과학**은 지체 장애를 갖게 된다고 했습니다.
종교와 과학은 서로 **보완** 관계에 있어야 한다는 것입니다.

〈아인슈타인 Albert Einstein〉

◉ 과학은 **신앙**에 도움이 될 수 있는 부분이 있습니다.
과학은 하나님의 **섭리**를 이해하는 데에 도움을 줄 수 있습니다.
과학은 하나님의 **창조 질서**를 해석하는 것이기 때문입니다.

〈스미스 James K. A. Smith〉

성경은 첨단 **과학 시대**에도 많은 사람에게 **영향**을 주고 있습니다. 아

성경은 시들은 영혼에 **생기**를 넣어주고 있습니다. 아
성경은 걱정과 불안한 삶에 **평안**과 **희망**을 주고 있습니다. 아
성경은 슬픔과 탄식이 있는 삶에 **위로**와 **기쁨**을 주고 있습니다. 아

② <성경> 문명 위에 영원한 진리

◉ 문명 위에서 영향을 주고 있는 성경은 **영원한 진리**입니다. 아

성경은 **신비스럽고** 경이로운 내용이 많이 있습니다.
성경은 이성으로 이해하기 어려운 **심오한** 내용이 있습니다.
성경은 전문적인 훈련을 받아야 해석할 수 있는 **깊은** 내용도 있습니다.

성경은 왜 **신비롭게** 느껴질까?
성경의 말씀은 왜 **심오하게** 느껴질까?

◉ 성경은 인간의 인식능력의 **제한성** 때문에 신비롭게 느껴집니다.

인간은 **이성**으로 모든 것을 이해할 수 있는 것이 아닙니다.
인간은 **느낌**이나 **감성**으로 모든 것을 아는 것도 아닙니다.
인간이 아는 것은 항상 **제한된** 것입니다.

제한된 인식을 넘어 넓고 깊은 성경 말씀은 **신비스럽습니다.** 아

◉ 성경은 인간의 **다양성** 때문에 심오하게 느껴집니다.

인간들은 매우 **다양하고** 복잡합니다.
생물학적으로 같은 사람은 세상에 **단 한** 사람도 없습니다.
같은 유전자를 가지고 있는 쌍둥이도 서로 다릅니다.

다양한 사람이 모두 **공감**하는 성경의 진리는 놀랍습니다. 아

◉ 성경은 **불변**의 **진리**이기 때문에 경이롭게 느껴집니다.

세상의 사상과 이념은 시대에 따라 달라집니다.
사상과 이념이 모든 사람에게 공통으로 적용되는 것은 없습니다.
사상과 이념은 역사 속에서 계속 변했습니다.

시대를 불문하고 **변하지 않는** 성경의 진리는 놀랍습니다. 아

◉ 하나님의 **영감**으로 기록된 **성경**은 문명을 초월한 진리입니다.
성경은 문명을 초월하여 교훈과 책망과 의로 교육하기에 유익합니다. 아

성경은 구원에 이르는 **지혜**를 증거하고 있습니다. 아
성경은 영생으로 인도하는 **생명**의 말씀입니다. 아
성경은 예수 그리스도에 관한 **진리**를 증거하고 있습니다. 아

디모데후서 3:15
성경은 능히 너로 하여금 그리스도 예수 안에 있는 **믿음**으로 말미암아
구원에 이르는 **지혜**가 있게 하느니라 아

요한복음 5:39
너희가 성경에서 **영생**을 얻는 줄 생각하고 성경을 연구하거니와 이 성
경이 곧 내게 대하여 **증언**하는 것이니라 아

차세대 제자훈련: 문명 위에 성경

③ 〈신학〉 성경과 교회의 교리

◉ 성경과 교리에 대해서 궁금해하는 사람들이 있습니다.
성경과 교리는 모두 하나님의 진리를 증거 하는 것입니다.
하지만 성경과 교리는 서로 차이가 있습니다.

성경은 하나님의 *영감으로 기록된 온전한* 진리의 말씀입니다. 아

　　하나님의 말씀인 성경은 예배의 경전입니다.
　　경전이란 "표준" canon이라는 의미를 담고 있습니다.
　　성경은 신앙의 표준이며 인생의 기준이 됩니다. 아

성경은 구약성경과 신약성경으로 되어 있습니다.
구약성경은 예수님이 오시기 전에 인류에게 계시 된 경전입니다.
신약성경은 예수님이 오신 후에 인류에게 계시 된 경전입니다.

◉ 교리는 성경 말씀을 요약하여 정리한 것입니다.

　　교리는 성경을 해석하는 신학을 통해서 정리된 것입니다.
　　교리는 성경의 진리를 잘 이해하기 위한 것입니다.
　　교리는 진리와 신앙으로 안내하는 역할을 합니다.

　　교리는 신앙의 이정표입니다. 아

〈린드백 George Lindbeck〉

제2장 문명 위에 성경

성경과 **교리**는 모두 신앙생활에 꼭 필요한 것입니다. 아

④ 〈인문학〉 **일반 언어와 성스러운 언어**

◉ 성경은 신앙의 일반적인 **상징 언어**라는 *견해가* 있습니다.
성경의 상징은 인간을 *성스러움*으로 안내할 수 있다는 것입니다.
성경의 상징은 **진리**로 안내할 수 있다는 것입니다.

〈틸리히 Paul Tillich〉

그러나 성경 말씀은 **상징** 언어가 아니라 **영적인** 언어입니다. 아
성경은 **성스러운** 영적 진리의 언어입니다. 아
성경은 살아계신 **하나님**의 영적인 **말씀**입니다. 아

◉ 신앙은 이성과 논리를 넘어서 **영적 아름다움**을 체험하는 것입니다.
신앙은 *비-이성이* 아니라 *초-이성의* **아름다운** 현상입니다.

죄인이 믿음으로 구원을 얻는 것은 초-이성의 **아름다운** 현상입니다. 아

〈트레이시 David Tracy〉

원수를 사랑하는 것은 이성적 판단을 넘어서 **아름다운 것**입니다.
잘못을 70번씩 용서하는 것은 매우 **감동적인** 일입니다.
신앙은 영적 지평에서 일어나는 **아름다운** *현상입니다.* 아

〈발타자르 Hans U. von Balthasar〉

차세대 제자훈련: 문명 위에 성경

◉ 성경은 **역사연구**에서 중요한 자료가 되고 있습니다.
성경은 가장 오래된 **역사자료** 중의 하나이기 때문입니다.
그러나 성경은 역사를 초월해서 **영원한** 진리를 증거하고 있습니다. 囝

　성경은 **문학적**으로도 매우 중요한 위치에 있습니다.
　성경은 다양하고 높은 문학적 **가치**를 지니고 있기 때문입니다.
　그러나 성경은 문학적 가치 위에 **영적인 가치**가 있습니다. 囝

◉ 성경과 문화는 서로 **대립**하는 것이 아닙니다.
성경은 문화 **위에서** 능력을 나타냅니다. 囝
성경은 세상의 문화를 **변혁**시키는 **능력**이 있습니다. 囝

〈니버 H. Richard Niebuhr〉

　인문학적 방법은 성경을 이해하는 데에 **한계**가 있습니다.
　성경은 **이성**과 **논리**로만 이해하는 것이 아니기 때문입니다.
　성경은 **신앙**으로 접근해야 진리를 바르게 볼 수 있습니다. 囝

〈바르트 Karl Barth〉

◉ 성경은 사회적 규범인 **법률**과 다릅니다.

　법률은 사회질서와 정의를 위한 **시대적** 규범입니다.
　법률은 시대에 따라서 **사회계약**으로 만들어지는 것입니다.
　법률은 시대적 상황에 따라 만들어지고 **개정**됩니다.

그러나 성경 말씀은 만들어지고 **개정**되는 것이 아닙니다.
성경은 문명 위에서 **불변**의 진리로 역사하고 있습니다. 아
성경은 시대를 초월한 **영원한 진리**입니다. 아

◉ 성경은 **돈과 권력**을 초월해서 바른길로 인도합니다.

돈은 가치의 **교환시스템**입니다.
권력은 힘의 **조절시스템**입니다.

〈하버마스 Jürgen Habermas〉

돈과 권력은 인생을 항상 **바른길**로 인도하는 것이 아닙니다.
돈과 권력은 문명 속에서 하염없이 **변하기** 때문입니다.
돈과 권력은 인간사회에 필요한 **도구**이지 **목적**이 아닙니다.

성경은 **불변**의 진리로서 언제나 바른길로 인도합니다.
성경은 한결같이 인생의 **바른 목적**을 증거하고 있습니다.

◉ 성경은 **사사로이** 풀면 잘못될 위험이 있습니다.
성경은 예배의 **설교 말씀**을 통해서 알고 체험되어야 합니다.
성경은 교회 **교육**과 **성경 공부**를 통해서 탐구되어야 합니다.

베드로후서 1:20
성경의 모든 예언은 **사사로이** 풀 것이 아니니 아

차세대 제자훈련: 문명 위에 성경

성경은 *신앙의* **경전 언어**로 되어 있습니다.
성경은 *문명 위에서* 진리를 소통하는 **영적 언어**입니다.
성경은 인류를 하나님께로 인도하는 **성스러운 말씀**입니다.

〈벤후저 Kevin Vanhoozer〉

◉ 성경 말씀은 **살아 있어서 운동력**이 있습니다. 아
살아 있는 말씀은 영원한 **생명**으로 인도합니다. 아
활력있는 말씀은 역동적인 **믿음**으로 안내합니다. 아

히브리서 4:12
하나님의 말씀은 **살아** 있고 **활력**이 있어 좌우에 날선 어떤 검보다도
예리하여 혼과 영과 및 관절과 골수를 찔러 쪼개기까지 하며 또 마음
의 생각과 뜻을 판단하나니 아

예리한 말씀은 영혼과 관절과 골수를 찔러 쪼개기까지 합니다. 아
예리한 말씀은 마음과 생각과 뜻을 바르게 합니다. 아
예리한 말씀은 믿음을 견실하게 세워줍니다. 아

⑤ 〈과학〉 **성경의 과학적 해석의 모순**

◉ 성경을 **과학적**으로 분석하는 것은 잘못된 것입니다.
축구 경기 규칙으로 **야구** 경기를 해설하는 것과 같은 잘못입니다.

제2장 문명 위에 성경

과학 입장에서 성경을 비과학적이라고 분석하는 것은 **얕은 생각**입니다.

〈비트겐스타인 Ludwig Wittgenstein〉

성경은 인문학이나 과학 **언어**로 된 것이 아닙니다.
성경은 **영적 진리**의 말씀입니다. 애

◉ 과학은 물리의 **규칙적 현상**에 관한 해석입니다.
과학은 세상 흐름의 **패턴**에 관한 해석입니다.
과학은 물리의 다양한 현상에 관한 **확률적** 해석입니다.

과학은 **규칙적** 패턴 위에 있는 **덕**을 분석할 수 없습니다.
과학은 **기계적** 패턴 위에 있는 **사랑**을 해석할 수 없습니다.
과학은 **확률적** 패턴 위에 있는 **신앙**을 분석할 수 없습니다.

◉ 과학은 인간의 제한성을 **도와주는** 면이 있습니다.
과학은 **창조 질서**에 대한 **이해**를 도와주는 면이 있습니다.
그러나 과학이 **모든** 창조 질서를 해석할 수 있는 것은 아닙니다.

하나님의 창조 **질서**는 과학의 방법을 넘어서 운행되고 있습니다.
하나님의 창조 질서의 **섭리**는 신비롭고 경이로운 것입니다. 애
하나님의 창조 질서는 하나님의 **경륜**으로 이루어지고 있습니다. 애

첨단 물리학은 우주의 경륜 현상을 **확률적**으로 해석하는 정도입니다.

차세대 제자훈련: 문명 위에 성경

◉ **과학**도 신학의 한 분야라는 급진적인 *주장이* 있습니다.
전통 신학은 **제1의 신학**이고, 타 학문은 **제2의 신학**이라는 것입니다.
과학을 포함한 타 학문도 하나님의 **창조 세계**를 탐구하기 때문입니다.

〈스미스 James K. A. Smith〉

타 학문도 하나님의 **창조 세계**를 탐구하는 것은 사실입니다.
그러나 **신앙**이 없는 학문은 하나님의 경륜 해석에는 **한계**가 있습니다.

◉ 과학은 우주 물리 세계에 대하여 **조금밖에** 알지 못하고 있습니다.

과학은 우주 구성물의 **4%** 정도만 알고 있습니다.
나머지는 보이지 않은 암흑물질과 암흑에너지입니다.
과학은 세상에 대해서 매우 **제한된** 것만 알고 있습니다.

과학은 **세상**의 **목적**을 설명하지 못하고 있습니다.
생명과학은 **생명**의 **의미**를 해석하지 못하고 있습니다.

성경은 과학이 알지 못하는 *세상의* **목적**을 증거하고 있습니다. 아
성경은 생명과학이 알지 못하는 *생명의* **의미**를 전하고 있습니다. 아
성경은 **영적**인 찬란한 세계의 아름다운 **지평**을 증거하고 있습니다. 아

제2장 문명 위에 성경

⑥ 〈신앙〉 크리스천 신앙의 핵심

우리는 성경이 살아계신 **하나님**의 **말씀**임을 믿습니다. 아

성경은 문명 위에서 **하나님**의 **뜻**을 증거하고 있음을 믿습니다. 아

성경은 하나님의 완전한 **영감**으로 된 **말씀**임을 믿습니다. 아

성경은 예배를 위한 신앙의 **경전**임을 믿습니다. 아

성경은 세상의 **목적**과 인생의 **의미**를 증거 함을 믿습니다. 아

성경은 삶을 바르게 하는 **인생**의 **기준**임을 믿습니다. 아

성경은 영생으로 인도하는 **생명**의 **말씀**임을 믿습니다. 아

1. 말씀 전파의 찬송 **"파송의 노래"** (너의 가는 길에)를 감동적으로 찬양합니다.
2. 크리스천 신앙과 사명을 생각하면서 **3분** 동안 **합심하여 간절히 기도**합니다.
3. **주기도문**으로 마친 후에 주 안에서 아름다운 **친교**를 합니다.

차세대 제자훈련: 문명 위에 성경

제 3 장　세상 기원의 신비

Creation

Creation

3. 세상 기원의 신비

① 〈질문〉 세상의 **기원**은 우주 대폭발의 **빅뱅**일까?

② 〈성경〉 우주의 기원과 **창조**

③ 〈신학〉 **태초의 창조와 계속적** 창조

④ 〈인문학〉 자연의 법칙과 **경륜**

⑤ 〈과학〉 우연한 **빅뱅 이론의 한계**

⑥ 〈신앙〉 크리스천 신앙의 **핵심**

차세대 제자훈련: 문명 위에 성경

① <질문> 세상의 기원은 우주 대폭발의 빅뱅일까?

◉ 세상의 기원에 관한 질문은 **지구촌** 어디에서나 볼 수 있습니다.
고대부터 현대에 이르기까지 **오랫동안** 제기된 질문입니다.
철학 역사 종교 과학에서 오래 생각한 **질문입니다.**

그러나 아직도 세상과 인간이 **왜 존재**하는지 아는 사람은 없습니다.
세상의 의미에 대해서 아는 사람이 없습니다.
인생의 목적에 대해서 아는 사람이 없습니다.

◉ 과학은 세상이 *우연한* 대폭발 즉 **빅뱅**에 의해서 탄생했다는 것입니다.
우연한 빅뱅이 여러 개가 있다는 **다중우주론**도 있습니다.
빅뱅과 여러 우주 폭발 현상은 **우연히** 일어났다는 것입니다.

그러나 **조건** 없이 **우연히** 일어나는 것은 **물리법칙**에 맞지 않습니다.
생물의 정교한 질서가 **우연히** 있다는 것은 믿기 어렵습니다.
세상의 모든 것은 서로 **목적**과 **용도**로 *정교하게* 연관되어 있습니다.

에베소서 4:16
그에게서 온 몸이 각 마디를 통하여 도움을 받음으로 **연결**되고 **결합**되어 각 지체의 분량대로 역사하여 .... 아

제3장 세상 기원의 신비

② ⟨성경⟩ 우주의 기원과 창조

◉ 세상에 관한 **아이디어**는 우주의 시작 **이전**에 있었습니다.
세상에 관한 아이디어는 창조주의 **계획**안에 있었습니다.
세상은 창조주의 **계획**안에 있는 아이디어가 **현실**로 나타난 것입니다.

하나님께서 태초에 계획대로 천지를 **창조**하신 것입니다. 아
하나님께서 **창조**하신 세상은 보시기에 심히 좋았습니다. 아
하나님의 **창조**는 우주의 *최고 경이로운* 사건입니다.

창세기 1:1
태초에 하나님이 천지를 **창조하시니라** 아

요한복음 1:1-3
태초에 **말씀**이 계시니라 이 말씀이 **하나님**과 함께 계셨으니 이 말씀은
곧 **하나님**이시니라 .... 만물이 그로 말미암아 **지은 바** 되었으니 지은
것이 하나도 그가 없이는 된 것이 없느니라 아

◉ 태초의 말씀은 성경 희랍어로 **로고스**입니다. 아
태초의 로고스는 만물을 지었습니다. 아
태초의 로고스는 곧 **하나님**이십니다. 아

요한복음 1:4
그 안에 **생명**이 있었으니 이 생명은 **사람들**의 **빛**이라 아

차세대 제자훈련: 문명 위에 성경

로고스 안에는 **생명**이 있습니다. 아

로고스의 **생명**은 어두움을 밝히는 **빛**입니다. 아

로고스의 생명은 어두운 **죽음**을 이기는 생명의 **빛**입니다. 아

◉ 로고스의 생명은 인생의 **궁극적인 목적**을 주고 있습니다.

로고스의 생명은 인생의 **진정한 의미**를 주고 있습니다.

로고스의 생명은 인생의 **목적**과 **의미**를 함께 주고 있습니다.

인류를 위한 로고스의 생명은 하나님께 영광이요 세상의 **평화**입니다. 아

누가복음 2:14

지극히 높은 곳에서는 **하나님께 영광**이요 땅에서는 하나님이 기뻐하신 사람들 중에 **평화**로다 아

◉ 로고스의 창조 세계에는 놀라운 **질서**와 **조화**가 있습니다. 아

로고스의 창조에는 자연과 식물과 동물의 **생태 질서**가 있습니다. 아

로고스의 창조 질서에는 **조화**의 현상이 계속 전개되고 있습니다. 아

창조 질서는 대칭과 균형과 패턴으로 전개되고 있습니다.

창조 질서의 대칭과 균형과 패턴에서 **물리법칙**을 발견하고 있습니다.

창조 질서에서 천재 과학자들이 **물리 방정식**을 발견하고 있습니다.

◉ 로고스의 창조 질서에서 **아름다움**이 발견되고 있습니다.

제3장 세상 기원의 신비

에베소서 3:9
영원부터 만물을 창조하신 하나님 속에 감추어졌던 **비밀**의 **경륜**이 어떠한 것을 드러내게 하려 하심이라 [아]

음악의 **아름다움**은 인간이 **만든 것**이 아닙니다.
음악의 아름다움은 **창조**된 자연 질서에서 발견한 것입니다.
음악의 아름다움에서 **창조 질서**의 **지혜**를 볼 수 있습니다.

◉ 세상에는 **빛**과 **어두움**이 있고 **질서**와 **혼돈**이 있습니다.
빛이 있으면 상대적인 **어두움**이 있습니다.
질서가 있으면 상대적인 **무질서**가 있습니다.

세상은 이러한 상대적인 것들이 협력하여 **조화**와 **선**을 이루는 것입니다. [아]

인간 세상에는 **선**과 **악**이 있습니다.
인간 세상에서만 **선**과 **악**을 경험하는 것입니다.
자연 현상의 **혼돈**이나 어두운 **밤**을 악이라고 부르지는 않습니다.

성경은 **악**의 근원을 타락한 천사라고 증거하고 있습니다.
성경은 크리스천은 **선**으로 **악**을 이길 수 있다고 전하고 있습니다. [아]
모든 것으로 **선**을 이루시는 하나님께서 함께하시기 때문입니다. [아]

로마서 12:21
악에게 지지 말고 **선**으로 **악**을 이기라 [아]

③ 〈신학〉 **태초의 창조와 계속적 창조**

◉ 창조에는 **태초**의 창조와 **계속적** 창조가 있습니다.
태초의 창조는 하나님께서 최초에 우주를 창조하신 것입니다. 아

　태초의 창조는 **무**에서 **창조**입니다.
　태초의 창조는 아무것도 없는 상태에서 세상이 **창조**된 것입니다.
　태초의 세상 기원은 하나님의 위대하신 **창조**입니다.

〈어거스틴 Augustine〉

◉ **시간**은 태초에 우주와 함께 창조되었습니다.
우주의 **시간**은 창조 후에 우주에 있습니다.
지구의 **시간**은 인간이 창조된 후에 인간이 경험하는 시간입니다.

　과학은 지구의 시간이 우주의 시간보다 **빠르게** 흐른다는 것입니다.
　빠른 지구의 시간 안에 **인간**의 **삶**은 화살처럼 지나갑니다.
　정녕 죽어야만 하는 인간은 짧은 **인생**을 사는 것입니다.

◉ 계속적 창조는 우주가 **계속**해서 새로워지는 것입니다. 아

　세상에는 똑같은 것이 **반복**되는 경우가 없습니다.
　세상에는 모든 것이 **새롭게** 전개되고 있습니다.
　세상이 계속해서 새롭게 전개되는 것이 **계속적 창조**입니다. 아

〈어거스틴 Augustine〉

◉ 자연에는 **새로운 생물**이 계속해서 출현하고 있습니다.
자연의 새로운 생물의 출현은 진화론에서는 **돌연변이**라고 추론합니다.
그러나 진화론은 새로운 **생명**의 근본 원인을 밝혀내지 못하고 있습니다.

　　　생명은 화학물질인 유전자와 단백질에는 없습니다.
　　　생명은 유전자와 단백질의 집단에서 **창발**하는 것입니다.
　　　창발이란 개체에는 없는 것이 집단에서 나타나는 것입니다.

〈카우프먼 Stuart Kauffman〉

　　　생명의 창발은 하나님의 계속적 **생명 창조**의 현상입니다.
　　　생명은 화학물질 집단에서 **창조**되어 탄생하는 것입니다.
　　　생명체의 환경적응과 부분적인 변화도 **계속적** 창조의 현상입니다.

◉ **계속적** 창조는 인간이 개인의 미래를 알지 못하게 합니다.
미래를 정확하게 알면 인생은 **비극**으로 치닫게 될 것입니다.
미래의 위험한 일과 병과 죽음을 아는 순간부터 **두려운** 삶이 될 것입니다.

　　　첨단 과학도 **개인의 미래**를 알 수 없습니다.
　　　첨단 과학이 미래를 정확히 알 수 없는 것은 **계속적** 창조 때문입니다.

그러나 계속되는 창조에서 펼쳐지는 *신세계*는 **경이**롭습니다. 아
계속되는 창조에는 *새로움의* **신비**가 있습니다. 아
계속되는 창조에는 하나님의 **경륜**이 역사하고 있기 때문입니다. 아

차세대 제자훈련: 문명 위에 성경

이사야 28:29
이도 만군의 여호와께로부터 난 것이라 그의 **경영**은 **기묘**하며 **지혜**는 **광대**하니라 [아]

◉ 하나님의 경영은 **기묘**하고 광대한 **지혜**로 전개됩니다. [아]
하나님의 기묘하고 광대한 **지혜**의 경영은 하나님의 **경륜**입니다. [아]
하나님의 **경륜** 속에 있는 *만물의 질서와 목적과 조화*는 경이롭습니다. [아]

경이로운 질서와 목적과 조화는 **우연히** 존재할 수 없습니다.
기묘한 **질서**가 **우연히** 존재한다는 것은 얕은 생각입니다.
기묘한 질서는 하나님의 **필연적인 창조 현상**입니다. [아]

④ 〈인문학〉 **자연의 법칙과 경륜**

◉ 우주 기원을 설명하는 대표 이론에는 고대 그리스의 *로고스*가 있습니다.
고대 그리스의 로고스는 **자연**의 **원리**이며 자연법칙입니다.
그리고 **이성**의 **원리**로 발전하여 학문을 나타내는 개념이 되었습니다.

〈헤라클리투스 Heraditus〉

고대 그리스의 로고스와 **성경**의 로고스는 같은 것이 아닙니다.
성경의 로고스는 우주의 **근원**이며 **생명**이 있습니다. [아]
성경의 로고스는 하나님의 **말씀**이며 **진리**입니다. [아]

제3장 세상 기원의 신비

◉ 세상의 기원은 *아이디어의 총체*인 **이데아**라는 *깊은 주장*이 있습니다.
세상의 기원은 영원한 **이데아**에서 유래했다는 것입니다.
세상은 **이데아**에서 유래한 **일시적인** 것으로 보고 있습니다.

〈플라톤 Plato〉

과학자들 가운데 **이데아**를 믿는 사람이 적지 않습니다.
과학자들은 수학이 있는 것처럼 **이데아**가 있다는 것입니다.
수학과 이데아는 만든 게 아니라 이미 있는 것이기 때문입니다.

◉ 반대로 세상에는 이데아는 없고 **물질**만 있다는 주장이 있습니다.
세상의 **물질**은 원인과 결과로 연결되어 있다는 것입니다.
세상의 **물질**은 **최초 원인자**에 의해서 시작되었다는 것입니다.

〈아리스토텔레스 Aristoteles〉

그러나 **정신**이나 **마음**이 없다고 믿는 사람은 많지 않습니다.

◉ 동양에서는 **태극**에 의해서 세상이 존재한다는 철학이 있습니다.
태극의 움직임과 고요함에 따라서 **음양**이 생긴다는 것입니다.
음양의 조화로 인해서 **만물**이 생겨난다는 것입니다.

〈주역 周易〉

과학자들은 음과 양을 상호 **보완 관계**로 보고 있습니다.
질서와 무질서 혹은 물질과 반물질이 **보완** 관계에 있다는 것입니다.

차세대 제자훈련: 문명 위에 성경

세상은 **상반**되는 것들이 서로 **보완**하고 있다는 것입니다.

<보어 Niels Bohr>

최초의 원인자와 태극은 **창조주**를 연상하게 합니다.
그러나 최초의 원인자와 태극은 **창조주**와 같은 것이 아닙니다.
창조주 하나님은 *자연의 모든 원리*를 **창조**하신 분이십니다. 아

◉ 동양에는 도가 세상의 기원이라는 철학이 있습니다.

도에 의해서 세상이 생성되어 흐른다는 것입니다.
도는 **자연**의 **흐름** 자체라는 것입니다.
도와 **자연**은 스스로 존재한다는 것입니다.

<노자 老子>

◉ **자연**이 **스스로 존재**한다는 주장은 서양철학에도 있습니다.
자연이 스스로 존재하기 때문에 **자연** 자체를 **신**이라고 믿었습니다.
스스로 존재할 수 있는 것은 오직 **신**밖에 없기 때문입니다.

<스피노자 Spinoza>

그러나 **도**와 **자연**을 신으로 보는 것은 착각입니다.
도와 자연은 여전히 **자연**의 **원리**입니다.
하나님은 자연의 원리와 만물을 창조하신 **창조주**이십니다. 아

◉ 하나님은 세상을 두 가지 요소로 **창조**하셨다는 견해가 있습니다.

제3장 세상 기원의 신비

하나님께서 *세상*을 **물질**과 **정신** 두 가지로 창조하셨다는 것입니다.
하나님께서 *인간*을 **몸**과 **마음**으로 창조하셨다는 것입니다.

〈데카르트 Rene Descartes〉

　　하나님께서는 **몸 혼 영**의 전인격적 인간을 창조하셨습니다. 아

⦿ **원초적인 신**에 의해서 세상이 존재한다는 심오한 견해가 있습니다.
원초적인 신은 우주 흐름의 **근본**이라는 것입니다.
원초적인 신은 세상의 **시인**이라고 했습니다.

〈화이트헤드 Alfred N. Whitehead〉

　　신이 세상의 **시인**이라는 것은 하나님의 **경륜**에 근접한 것입니다.

⦿ 불교는 세상과 인생을 비어있는 **공**으로 보고 있습니다.
세상은 끊임없는 변화의 흐름은 목적이나 의미가 없는 **공**이라는 것입니다.
인생은 끊임없는 변화 속에서 잠시 있다가 **가는** 것이라고 합니다.

〈불교 佛教〉

　　성경도 인생을 잠깐 보이다가 없어지는 **안개**라고 했습니다.
　　성경도 세상에서 추구하는 모든 것은 **헛되다**고 했습니다.

　　하지만 성경은 인생과 세상의 **목적**과 **의미**를 증거하고 있습니다. 아
　　성경은 영원한 **생명**과 **하나님 나라**를 증거하고 있습니다. 아

차세대 제자훈련: 문명 위에 성경

⑤ 〈과학〉 **우연한 빅뱅 이론의 한계**

◉ 현대 과학은 세상의 기원을 **빅뱅**이라고 믿고 있습니다.
약 138억 년 전에 미세한 먼지가 **우연히** 폭발했다는 것입니다.
폭발이 순간적으로 **급팽창하여** 거대한 우주가 됐다고 추론하고 있습니다.

〈스티븐 호킹 Steven Hawking〉

시간과 우주는 **빅뱅** 이후에 있게 된 것으로 믿고 있습니다.

시간과 우주는 **영원**과 **무한**에 비하면 작은 것입니다.
그리고 빅뱅이 **태초**라는 증거도 분명하지 않습니다.
빅뱅의 **목적**이 무엇인지 알 수 없습니다.

◉ 우주의 기원인 빅뱅은 **어떻게** 일어났는지 궁금한 일입니다.
첨단 물리학은 **우연히** 밀어내는 **중력**이 빅뱅을 일으켰다는 것입니다.
*우연히 밀어내는 중력*은 **어디서** 왔는지 궁금합니다.

첨단 물리학은 아직 최초의 **원인자**를 찾지 못했습니다.
과학은 아직 세상의 **기원**을 정확하게 알지 못하고 있습니다.

◉ 과학은 지구라는 행성은 **혼돈**과 **공허**에서 형성되었다는 것입니다.
지구가 **우연히** 만들어진 것으로 **추론**하고 있습니다.

진화생물학은 **인류**가 약 수만 년 전부터 존재한 것으로 보고 있습니다.

제3장 세상 기원의 신비

현생 인류는 그 후에 뇌가 더 진화했다는 것입니다.
현생 인류는 **성경**에 나타난 인류의 존재와 근접한 시기로 보입니다.

진화론은 인류가 미생물에서 **우연히** 진화한 것으로 믿고 있습니다.
진화론은 **우연히** 진화한 생명에는 **목적**이 없다는 것입니다.
진화론은 우연히 존재한 인간은 **인생**의 **의미**라는 것이 없다는 것입니다.

〈찰스 다윈 Charles Darwin〉

◉ 하지만 생태계의 모든 것은 **필연적 용도**로 연계되어 있습니다.
빛 물 흙 식물 동물 모두가 **생태 조화**로 관련되어 있습니다.
생태의 필연적 관계에서 **목적**이 없다는 것은 약한 주장입니다.

세상은 **창조 질서**에 의해서 *필연적 관계와 용도가* 있는 것입니다. 아
세상의 필연적 관계와 용도는 상호 필요에 따라서 이루어집니다.
세상 만물의 상호 정교한 필요현상은 **창조 질서**의 경이로운 것입니다.

크리스천은 창조 질서의 생태환경을 **보호**해야 할 책임이 있습니다. 아

◉ 최근 물리학에서는 빅뱅이 **여러** 개가 있었다는 주장이 있습니다.
최근 물리학은 한 우주가 아니라 **다중우주론**을 제기하고 있습니다.
현재의 우주는 **여러** 우주 중에 하나로 보고 있습니다.

빅뱅 이론과 다중우주론이 우주의 기원에 관한 **첨단** 이론입니다.
아직 우주 기원의 온전한 **정답**은 아닌 것으로 여겨지고 있습니다.

차세대 제자훈련: 문명 위에 성경

다른 가능성이 있을 수 있기 때문입니다.

◉ 세상은 신의 **지적설계**에 의한 것으로 믿는 *과학적인 신자들*이 있습니다.
지적 설계자인 신이 **우주**를 정교하게 **설계**했다는 것입니다.
지적 설계자인 신이 미세한 것까지 **설계한 대로** 운행한다는 것입니다.

　　지적설계론은 세상 움직임을 기계와 유사하다고 보고 있습니다.
　　지적설계론은 설계자가 **설계한** 대로 세상을 운행한다고 보고 있습니다.

　　그러나 세상은 **새로운** 것이 계속 나타나는 신비스러움이 있습니다.
　　세상은 끊임없는 **계속적 창조**가 일어나고 있기 때문입니다. 애

　　창조주 하나님은 지적 설계자보다 **지혜**가 깊고 광대한 분이십니다. 애

◉ 우주가 미립자의 **우연한** 빅뱅에서 급팽창했다는 것은 매우 **신비롭**습니다.
우주가 여러 개 있다는 것은 더욱 믿기 어려울 정도로 **신비롭**습니다.
우주의 기원은 **신비롭고 기적** 같은 것이라고 과학은 믿고 있는 입니다.

　　현대 과학은 신비롭고 기적 같은 것을 추론하여 믿고 있습니다.
　　현대 과학은 아직 세상의 기원을 **명확**하게 파악하지 못했습니다.

세상은 제한된 인간이 알기에는 너무도 **경이롭고 신비**스럽습니다.

제3장 세상 기원의 신비

⑥ 〈신앙〉 크리스천 신앙의 핵심

우리는 하나님께서 태초에 천지를 창조하셨음을 믿습니다. 애

세상은 하나님의 창조에 따라 **필연적**으로 존재함을 믿습니다. 애

하나님의 **창조** 질서에는 물리법칙이 포함되었음을 믿습니다. 애

우주의 **기묘**하고 신비스러운 **조화**는 하나님의 **경륜**임을 믿습니다. 애

계속적 창조에는 생물의 환경적응 현상이 포함되었음을 믿습니다. 애

하나님의 창조에는 하나님의 **뜻**과 **목적**이 있음을 믿습니다. 애

세상은 하나님의 **영광**을 위해서 창조되었음을 믿습니다. 애

1. 창조주 하나님 찬양 "그는 **여호와 창조의 하나님**"을 감동적으로 부릅니다.
2. 크리스천 신앙을 생각하면서 **3분** 동안 **합심하여 간절히 기도**합니다.
3. **주기도문**으로 마친 후에 주 안에서 아름다운 **친교**를 합니다.

차세대 제자훈련: 문명 위에 성경

제 4 장 하나님 존재의 사실

God

God

4. 하나님 존재의 사실

① 〈질문〉 왜 신에 관한 질문을 아직도 하는가?

② 〈성경〉 스스로 계신 하나님

③ 〈신학〉 영원, 완전, 무한의 하나님

④ 〈인문학〉 도덕과 질서의 하나님

⑤ 〈과학〉 물리법칙과 하나님의 섭리

⑥ 〈신앙〉 크리스천 신앙의 핵심

① 〈질문〉 왜 신에 관한 질문을 아직도 하는가?

◉ 상상력이 뛰어난 인간은 **하늘**을 궁금해합니다.
추리력이 탁월한 인간은 세상의 **근원**을 추론합니다.
생각을 깊이 하는 인간은 인생의 **의미**를 생각합니다.

      침팬지는 **하늘**을 궁금해하지 않습니다.
      원숭이는 자연의 **기원**을 궁금해하지 않습니다.
      침팬지는 생명의 **의미**에 대해서 생각하지 못합니다.

      인간은 **자연**의 경이로운 현상에 대해 감탄합니다.
      인간은 초월적 세계를 생각하면서 **신**의 존재를 궁금해합니다.
      과학 문명이 발달한 지금도 신의 존재에 대해서 질문을 합니다.

◉ 그러나 *"신이 존재하는가?"*라는 질문은 **잘못**된 것입니다.
신의 존재를 *사물의 존재*를 묻는 것처럼 질문하는 것은 **맞지** 않습니다.
신은 사물처럼 **존재**하지 않기 때문입니다.

      하나님은 사물이 아니라 **초월적**인 **영**이십니다. 〔아〕
      하나님은 시간과 공간을 초월하신 전적으로 **다른 분**이십니다. 〔아〕
      하나님은 세상을 초월한 **영원**하시고 **무한**하신 분이십니다. 〔아〕

〈바르트 Karl Barth〉

제4장 하나님 존재의 사실

그러면서 세상에 내재하셔서 **관여**하시고 인간과 **소통**하십니다. 아

② 〈성경〉 **스스로 계신 하나님**

◉ 성경은 하나님께서 **스스로 계신** 분이라고 증거하고 있습니다.

> 출애굽기 3:14
> 하나님이 모세에게 이르시되 나는 **스스로 있는** 자이니라 아

스스로 존재한다는 것은 **영**으로 존재한다는 사실입니다.
"스스로 존재한다."에는 히브리어 동사의 **현재시제**가 없습니다.
현재시제가 없다는 것은 **영원**을 의미합니다.

하나님은 스스로 계신 **영**으로서 **영원**하신 분이십니다. 아
하나님은 오직 스스로 계신 **영**으로서 **유일**하신 분이십니다. 아

◉ 하나님은 시간을 초월하여 **영원**부터 *영원까지* 계신 분이십니다. 아

> 요한복음 1:1
> 태초에 **말씀**이 계시니라 이 말씀이 하나님과 함께 계셨으니 이 **말씀**은
> 곧 **하나님**이시니라 아

태초는 역사 **이전**을 의미합니다.
태초는 우주의 **시작**을 의미하기도 합니다.

태초는 역사 이전과 우주의 시작을 **함께** 의미합니다.
태초는 **영원**을 함축하고 있는 것입니다.
태초부터 계신 하나님은 **영원**하신 영이십니다. 아

태초의 하나님은 스스로 계신 **영원**하시고 유일하신 분이십니다. 아

③ 〈신학〉 **영원, 완전, 무한의 하나님**

⊙ 신학은 하나님의 존재를 **사실**로 증명하고 있습니다.
신학은 스스로 **계신** 하나님의 존재를 증명하고 있습니다.
신학은 성경과 **우주** 현상을 통해서 하나님의 존재를 증명하고 있습니다.

완전은 실제로 있습니다.
영원은 실제로 있습니다.
무한은 실제로 있습니다.

완전, 영원, 무한은 성경에 나타난 **하나님**의 **본성**입니다. 아
완전, 영원, 무한이 실제로 있다면 하나님은 분명히 **계신** 것입니다. 아

〈안셀름 Anselm〉

제4장 하나님 존재의 사실

◉ 세상은 **원인**과 **결과**에 따라서 움직이고 있습니다.
원인의 **원인**을 계속해서 추론할 수 있습니다.
최초의 **원인자**를 추론하여 알 수 있습니다.

최초의 원인자는 다른 **원인**에 의해서 존재하지 않습니다.
최초의 원인자는 **스스로 존재**하기 때문입니다.
최초 원인자는 **스스로 계신** 창조주이심을 알 수 있습니다. 아

〈아퀴나스 Aquinas〉

◉ 시계는 다양한 부품들이 각각 **목적**을 갖고 기능을 하고 있습니다.
시계의 각 부품의 목적이 모여서 시계의 **목적**을 이룹니다.
시계의 목적은 시계를 **설계**하고 **만든** 자에 의해서 존재합니다.

세상에 있는 모든 것은 각각 **목적**이 있습니다.
세상의 여러 목적이 모여서 **큰 목적**을 이룹니다.
세상의 큰 목적은 세상을 **설계**하신 창조주에 의한 것입니다. 아

〈팔레이 William Paley〉

세상의 **질서**와 **조화**는 창조주의 **지혜**와 **능력**을 나타내는 것입니다. 아
세상의 사물의 **목적**과 **용도**는 창조주의 **섭리**를 드러내고 있습니다. 아
세상의 **기묘**하고 **경이**로운 운행은 창조주의 **경륜**을 나타내고 있습니다. 아

④ 〈인문학〉 도덕과 질서의 하나님

◉ 세상의 근원이 *아이디어의 총체*인 **이데아**라는 것은 깊은 생각입니다.
세상은 **최초의 원인자**에 의해서 존재한다는 것은 설득력이 있습니다.
우주의 근원은 **태극**이라는 주장은 심오한 것입니다.

　　인문학에서는 **이데아**와 **태극**을 탐구합니다.
　　이들은 하나님의 본성과 **유사한** 면이 있습니다.
　　그러나 이들은 **하나님**과 같은 것은 아닙니다.

　　하나님은 세상 **모든** 것들을 지으신 **창조주**이시기 때문입니다. 아

◉ 도덕이 있다는 것은 도덕적인 신이 존재한다는 것을 **증명**하는 것입니다.

　　도덕적 규범은 인간이 **만든** 것이 아닙니다.
　　도덕적 규범은 창조 **질서**에 이미 있는 것입니다.
　　도덕적 규범이 창조 질서에 있는 것을 인간이 **발견**한 것입니다. 아

　　"거짓말하지 말라"는 도덕적 **규범**이 있습니다.
　　모두가 **거짓말**하면 사회가 성립될 수 없습니다.
　　거짓말해서는 안 되는 도덕 **규범**은 원래부터 있는 것입니다.

모두가 **도적질**해도 되면 사회는 참혹해질 것입니다.
모두가 **살인**해도 되면 살아남을 사람이 없을 것입니다.

"도적질하지 말라." "살인하지 말라."는 **규범**은 원래부터 있는 것입니다.

〈칸트 Immanuel Kant〉

◉ 인간사회의 도덕 **원리**는 인간이 만든 것이 아닙니다.
도덕의 **원리**는 창조 질서에서 발견한 것입니다. 아
도덕의 **근원**은 사랑과 공의의 창조주 하나님이라는 사실입니다. 아

도덕의 원리는 **지역**마다 다른 것이 아닙니다.
도덕의 원리는 **지구촌** 어디에서나 유사합니다.
도덕의 **보편적**인 원리가 창조 질서 안에 이미 있기 때문입니다. 아

◉ 물질로만 구성된 세상에는 신이 존재하지 않는다는 도전이 있습니다.
세상에는 **아이디어와 사상**이란 것은 원래 없다는 것입니다.
세상에는 **물질만** 있다고 믿는 것이 유물론입니다.

〈마르크스 Karl Marx〉

유물론은 물질이 왜 **있는지** 설명하지 못하고 있습니다.
유물론은 물질 변화의 **근원**을 설명하지 못하고 있습니다.
유물론은 물질의 생성과 변화의 **근원**인 창조주를 부인합니다. 아

시편 53:1
어리석은 자는 그의 마음에 이르기를 하나님이 없다 하도다 .... 아

차세대 제자훈련: 문명 위에 성경

⑤ 〈과학〉 물리법칙과 하나님의 섭리

◉ 뉴턴은 물리법칙을 신의 **계시**로 믿었습니다.
정교한 **물리법칙**을 신의 **섭리**라고 믿은 것입니다.
섬세하고 정밀한 우주의 **운행**은 신이 한다는 것입니다. 아

〈뉴턴 Newton〉

　　아인슈타인은 신비로운 우주의 **원리**를 **신**이라고 믿었습니다.
　　경이롭게 맞아떨어지는 우주의 법칙을 **신**으로 믿은 것입니다.
　　물리법칙은 우연히 존재할 수가 없기 때문입니다.

〈아인슈타인 Einstein〉

　　우주의 법칙은 경이로운 **창조 질서** 안에 있는 것입니다. 아

◉ 과학자들 가운데 **신**을 믿지 않는 사람이 있습니다.
이런 과학자들은 신을 발견할 수 **없다**는 것입니다.
이런 과학자들은 우연한 **우주 대폭발**이 현재 우주를 이루었다는 것입니다.

〈스티븐 호킹 Stephen Hawking〉

　　그러나 세상의 물질은 스스로 존재할 수 없습니다.
　　물질이 스스로 존재한다는 것은 **물리법칙**에 맞지 않습니다.
　　물질은 신의 **섭리**에 따라 존재할 수밖에 없는 것입니다. 아

◉ 진화론은 **신**이 존재하지 않는다고 생각합니다.

제4장 하나님 존재의 사실

현생 인류는 **신**이 없이 미생물에서 **우연히** 진화했다는 것입니다.

〈도킨스 Richard Dawkins〉

진화론에는 진화과정의 패턴과 경로가 있습니다.
진화과정의 패턴과 경로가 **우연**이라고 합니다.
그러나 패턴과 경로는 **우연**이 아니라 **필연**에 가까운 것입니다.

신비로운 **생명 현상**은 하나님의 **필연적인 창조**에 의한 것입니다. 아

◉ 진화론에는 환경에 **적응하는** 자만 **생존**한다는 **적자생존**이 있습니다.
진화론은 적자생존을 **자연**이 **선택**한 현상으로 믿고 있습니다.
그러나 적자생존은 **자연**의 선택이 아니라 **신**이 선택한 현상입니다. 아

진화란 한쪽은 개선이 있지만 다른 쪽은 **퇴화**가 일어나는 것입니다.
진화를 넓게 보면 **진화**가 아니라 변화하는 **과정**만 있는 것입니다.
생명체의 변화는 하나님의 **경륜**으로 운행되고 있는 것입니다. 아

◉ 세상에는 **우주 의식**이 있다는 넓은 주장이 있습니다.
우주 의식은 우주의 정교한 질서와 조화를 이룬다는 것입니다.

의식은 수학과 물리의 법칙을 해석하게 합니다.
의식이 없으면 수학과 물리법칙은 알 수 없습니다.
의식은 이미 우주에 있다는 것입니다.

〈펜로즈 Roger Penrose〉

차세대 제자훈련: 문명 위에 성경

우주 의식을 신의 **영적인** 활동이라고 부르지는 않았습니다.

> **우주 의식**은 신의 영적 현상이 아닙니다.
> **우주 법칙**도 신이 아닙니다.
> 우주 의식과 우주 법칙은 하나님의 **경륜**의 도구입니다.

◉ 최근 과학에서는 **시간**이 흐르지 않는다는 주장이 있습니다.
세상에는 시간이 없이 물질의 **움직임**만 있다는 것입니다.
세상의 시간은 물질의 변화를 측정하는 도구일 뿐이라고 합니다.

⟨로벨리 Carlo Rovelli⟩

> 시간은 물질 변화를 **측정**하고, 물질 변화로 시간을 **측정**합니다.
> 시간은 물질 변화의 측정 **도구**이지 실재하는 것이 아니라고 **합**니다.
> 시간은 오직 현재의 **지금**만 있다는 것입니다.

◉ 어거스틴은 하나님의 시간은 언제나 **영원한 지금**이라고 믿었습니다.

> 베드로후서 3:8
> 사랑하는 자들아 주께는 하루가 천 년 같고 **천 년**이 하루 같다는 이
> 한 가지를 잊지 말라 아

> 과학이 해석하는 "지금"은 하나님의 **영원한 지금**에 근접한 것입니다.
> 그러나 하나님의 영원한 "지금"과 세상의 "지금"은 다른 것입니다. 아
> 하나님의 지금은 시간으로부터 **자유로운** "영원"입니다. 아

제4장 하나님 존재의 사실

◉ 과학은 신의 존재를 **부정**하는 것이 아닙니다.
과학은 신의 존재를 **긍정**하는 것도 아닙니다.
과학은 놀랍고 신비로운 세상을 알아가는 **방법**입니다.

과학적 탐구는 사실상 **창조 질서**의 경륜을 드러내고 있습니다.

인간은 우주의 움직임과 조화를 보고 **하나님의 존재**를 알 수 있습니다. 예

하나님은 세상을 정교하게 운행하시는 **전능하신** 분이십니다. 예
하나님은 시간과 공간을 초월하신 **영원하신** 분이십니다. 예
하나님은 스스로 존재하시는 **신비스러운 영**이십니다. 예

인간은 성경과 자연을 통해서 하나님의 **존재**를 알 수 있습니다.

성경은 우주를 경이롭게 운행하시는 **하나님**을 증거하고 있습니다. 예

⑥ 〈신앙〉 크리스천 신앙의 핵심

우리는 <u>스스로 계신</u> 하나님을 믿습니다. 아

하나님은 스스로 계신 **영**이신 분임을 믿습니다. 아

영이신 하나님은 **영원하신** 분임을 믿습니다. 아

영원하신 하나님은 **무한하신** 분임을 믿습니다. 아

무한하신 하나님은 **완전하신** 분임을 믿습니다. 아

천지를 창조하시고 **역동적**으로 운행하시는 하나님을 믿습니다. 아

세상과 인간을 향해 **경륜**으로 역사하시는 하나님을 믿습니다. 아

1. 살아계신 하나님 찬양 **"반드시 내가 너를"**을 감동적으로 부릅니다.
2. 크리스천 신앙과 사명을 생각하면서 **3분** 동안 **합심하여 간절히 기도**합니다.
3. 주기도문으로 마친 후에 주 안에서 아름다운 **친교**를 합니다.

제 5 장 하나님 인식의 이해

Revelation

Revelation

5. 하나님 인식의 이해

① 〈질문〉 하나님에 대한 인식은 어떻게 할 수 있을까?

② 〈성경〉 만물에 나타난 신성과 성경

③ 〈신학〉 자연계시와 특별계시

④ 〈인문학〉 경험의 실증과 계시

⑤ 〈과학〉 우주의 법칙과 자연계시

⑥ 〈신앙〉 크리스천 신앙의 핵심

① ⟨질문⟩ 하나님에 대한 인식은 어떻게 할 수 있을까?

◉ 인간은 하나님의 **본성**을 알 수 없습니다.
인간과 하나님은 본성이 서로 전혀 **다르기** 때문입니다.
하나님께서 먼저 자신을 **나타내** 보이셔야 인간은 하나님을 알 수 있습니다.

    하나님께서 먼저 자신을 보이시는 것을 **계시**라고 합니다.
    인간은 **계시**를 통해서 하나님의 **본성**을 알 수 있습니다. 아

    하나님께서는 **자연**을 통해서 자신을 *나타내십니다.*
    하나님께서는 **성경**을 통해서 자신을 *알리십니다.*
    하나님께서는 **기도**를 통해서 인간과 *소통하십니다.*

◉ 계시에는 하나님의 **뜻**과 **섭리**가 담겨 있습니다. 아
계시에는 하나님의 **구원**의 **은혜**가 담겨 있습니다. 아
계시에는 인간이 알고 실천해야 할 **진리**가 담겨 있습니다. 아

    인간은 옳고 그름을 구별하는 **지혜**가 있습니다.
    인간은 선과 악을 구별하는 **양심**이 있습니다.
    인간은 도덕과 법을 발견하고 지킬 수 있는 **마음**이 있습니다.

    인간은 계시를 인식할 수 있는 **지혜**가 있습니다. 아

지혜와 양심은 누구에게나 주어지는 하나님의 **은총**입니다. 애

〈칼빈 John Calvin〉

지혜와 양심은 **회개**하고 하나님을 향할 수 있게 합니다. 애
지혜와 양심은 인간이 **구원**을 향하도록 미리 주시는 은총입니다. 애

〈웨슬리 John Wesley〉

② 〈성경〉 **만물에 나타난 신성과 성경**

◉ 하나님께서 창조하신 만물에 신성을 보여 **알게** 하셨습니다. 애
하나님의 영원하신 **능력**이 세상에 **나타나게** 하셨습니다. 애
하나님이 없다고 **핑계**하지 못하도록 하셨습니다. 애

> 로마서 1:20
> 창세로부터 그의 보이지 아니하는 것들 곧 그의 영원하신 **능력**과 **신성**
> 이 그가 만드신 만물에 분명히 보여 알려졌나니 그러므로 그들이 **핑계**
> 하지 못할지니라 애

> 시편 19:1
> 하늘이 하나님의 영광을 선포하고 궁창이 그의 손으로 하신 일을 **나타**
> **내는도다** 애

우주는 하나님께서 하신 일을 **나타내고** 있습니다. 애

⊙ 하나님께서는 성경을 통해서 **계시**하셨습니다.
성경은 하나님의 뜻을 **계시**하고 있습니다.
성경에 있는 하나님의 **뜻**은 인간이 *온전한 크리스천이 되는 것입니다.*

> 디모데후서 3:16
> 모든 성경은 하나님의 **감동**으로 된 것으로 교훈과 책망과 바르게 함과
> 의로 교육하기에 유익하니 이는 **하나님의 사람**으로 **온전**하게 하며 모
> 든 선한 일을 행할 **능력**을 갖추게 하려 함이라 〔아〕

> 하나님의 계시 말씀은 믿는 자를 **온전**하게 합니다. 〔아〕
> 하나님의 계시 말씀은 선한 일을 행할 **능력**을 더해 줍니다. 〔아〕

⊙ 성경에 있는 하나님의 율법은 **영혼**을 소성시킵니다. 〔아〕
성경에 있는 여호와의 **증거**는 우둔한 자를 **지혜롭게** 합니다. 〔아〕
성경에 있는 여호와의 **교훈**은 우울한 자의 마음을 **기쁘게** 합니다. 〔아〕

> 시편 19:7-8
> *여호와의 율법*은 완전하여 영혼을 소성시키며 *여호와의 증거*는 확실하
> 여 우둔한 자를 **지혜롭게** 하며 *여호와의 교훈*은 정직하여 마음을 **기쁘**
> **게** 하고 *여호와의 계명*은 순결하여 눈을 **밝게** 하시도다 〔아〕

성경에 있는 여호와의 계명은 진리 **보는** 눈을 **밝게** 합니다. 〔아〕

⊙ 성경에 있는 여호와의 도는 여호와를 *영원토록 경외하는* 것입니다.

제5장 하나님 인식의 이해

시편 19:9-10
여호와를 경외하는 **도**는 정결하여 **영원**까지 이르고 .... 아

성경은 하나님을 경외하는 도를 영원토록 **계시**하고 있습니다. 아

③ 〈신학〉 **자연계시와 특별계시**

◉ 자연은 **기묘**하고 **경이로운** 현상으로 되어 있습니다.
자연의 기묘한 현상에는 하나님의 **진리와 강령**이 담겨 있습니다. 아

　　정교한 **자연**의 질서에서 하나님의 **섭리**를 알 수 있습니다.
　　정교한 자연의 **조화**에서 하나님의 **지혜로운 경영**을 알 수 있습니다.
　　정교한 창조 질서에서 인간이 지켜야 할 **강령**을 알 수 있습니다.

〈부룬너 Emil Brunner〉

　　하나님의 **진리**는 **믿음**으로 접근하면 더 잘 알 수 있습니다. 아
　　하나님의 **계시**는 신앙과 영적 지혜로 체험할 수 있습니다. 아

◉ **특별계시**는 말씀을 통해서 하나님을 계시하는 것입니다.

　　기록된 **성경 말씀**이 있습니다. 아
　　선포된 **설교 말씀**이 있습니다. 아
　　계시 된 말씀으로서 **예수 그리스도**가 있습니다. 아

차세대 제자훈련: 문명 위에 성경

요한복음 14:9
나를 본 자는 아버지를 **보았거늘** 어찌하여 아버지를 보이라 하느냐

예수 그리스도는 하나님 **계시**의 **실증**입니다. 아

〈바르트 Karl Barth〉

◉ 인간은 **기도**를 통해서 하나님과 **소통**할 수 있습니다.
인간은 **영적인 기도**를 통해서 하나님의 뜻을 알 수 있습니다.
인간은 **순수한** 마음의 기도를 통해서 하나님의 **계시**를 알 수 있습니다.

순수한 기도는 세상의 방법을 접고 하는 기도입니다.
마음이 **청결한 기도**는 세상의 탐욕을 접고 하는 기도입니다.
마음이 순수하고 청결한 기도는 하나님을 만날 수 있습니다. 아

〈라너 Karl Rahner〉

마태복음 5:8
마음이 **청결한** 자는 복이 있나니 그들이 하나님을 **볼** 것임이요 아

◉ 큰 소리로 **부르짖는** 기도를 통해서 하나님을 **만날** 수 있습니다. 아
조용한 **묵상 기도**를 통해서 하나님의 뜻을 **알** 수 있습니다. 아
조용한 묵상이나 부르짖는 기도는 **순수한** 기도이어야 합니다. 아

시편 86:7
나의 환난 날에 내가 주께 **부르짖으리니** 주께서 내게 **응답**하시리이다 아

제5장 하나님 인식의 이해

기도는 **먼저** 하나님 나라와 의를 구하는 것입니다. 아

그리고 모든 **간구**를 합니다. 아

그러면 주님께서 모든 간구에 더하여 풍요롭게 **응답**하십니다. 아

마태복음 6:33

그런즉 너희는 **먼저** 그의 나라와 그의 의를 구하라 그리하면 이 모든 것을 너희에게 **더하시리라** 아

마태복음 7:7

구하라 그리하면 너희에게 **주실** 것이요 찾으라 그리하면 **찾아낼** 것이요 문을 두드리라 그리하면 너희에게 **열릴** 것이니 아

◉ 기도를 통해서 하나님의 깊은 **사랑**과 **위로**를 체험할 수 있습니다. 아

기도를 통해서 고난의 아픔을 **치유** 받을 수 있습니다. 아

열왕기하 20:5

.... 내가 네 **기도**를 들었고 네 눈물을 보았노라 내가 너를 낫게 하리니 .... 아

기도는 눈물을 거두게 하고 **기쁨**을 갖게 합니다. 아

기도는 실망의 그늘에서 **희망**을 갖게 합니다. 아

믿음의 기도는 사막에 **강**이 흐르게 합니다. 아

믿음의 기도는 광야에 **길**을 내게 합니다. 아

믿음의 기도는 하나님께서 놀라운 **새** 일을 행하시게 합니다. 아

차세대 제자훈련: 문명 위에 성경

이사야 43:19
보라 내가 새 일을 행하리니 이제 나타낼 것이라 너희가 그것을 알지 못하겠
느냐 반드시 내가 광야에 길을 사막에 강을 내리니 回

④ 〈인문학〉 **경험의 실증과 계시**

⊙ 하나님의 **계시**는 알 수 없다는 도전이 있습니다.

  인간은 **알려진** 것만 안다는 것입니다.
  알려지지 않은 것은 **알 수 없다**는 것입니다.
  인간은 알려지지 않은 **하나님**의 **계시**는 알 수 없다는 주장입니다.

〈불가지론 Agnostics〉

  그러나 인간은 **알려진** 것만 아는 것이 아닙니다.
  알려지지 않은 것도 **상상**을 통해서 **추론**하여 알 수 있습니다.
  인간은 **직관 상상 추론**을 통해서 많은 것을 알고 있습니다.

⊙ 직관 상상 추론을 통해서 다양한 문제를 **해결**하고 있습니다.
직관 상상 추론으로 **자연 계시**를 인식하고 **믿음**으로 확신할 수 있습니다.

  인간의 생각은 시간과 공간을 **초월**할 수 있습니다.
  인간의 생각은 과거 미래 서울 뉴욕에 **한 번에** 있을 수 있습니다.
  이러한 생각에 **믿음**이 들어가면 **영원의 세계**를 알 수 있습니다. 回

제5장 하나님 인식의 이해

전도서 3:11
사람들에게는 **영원**을 사모하는 마음을 주셨느니라 [아]

하나님께서는 인간 마음에 **영원한 세계**를 알 수 있게 하셨습니다. [아]

◉ 계시는 **실증**하기 어렵다는 실증주의 주장이 있습니다.
계시는 경험의 **실증 원리**에 맞지 않는다는 것입니다.
계시는 실증되지 않는 것으로서 **무의미**하다는 것입니다.

〈실증주의 Positivism〉

그러나 세상에는 **실증**되는 것들만 있는 것이 아닙니다.
세상에는 경험으로 **실증**할 수 없는 것들이 많이 있습니다.
세상에는 실증하기 **어려운** 아이디어나 정보 혹은 감정이 있습니다.

경험을 기반으로 한 실증이 **항상** 옳은 것은 아닙니다.
경험의 **착각**과 실증의 **한계**가 있습니다.
경험과 실증의 한계를 **넘어서** 나타나는 **계시**는 진리입니다.

◉ **사랑**은 실증 원리로 분석할 수 없습니다.
사랑은 실증하기 어렵지만, **의미** 있는 것입니다.
세상에는 실증하기 어려워도 **의미** 있는 것들이 많이 있습니다.

계시와 신앙은 실증의 원리로 분석하기 어렵습니다.
그러나 계시와 신앙은 인류에게 **실제로 영향**을 주고 있습니다. [아]

차세대 제자훈련: 문명 위에 성경

계시와 신앙은 지금도 **진리**와 **생명**으로 인도하고 있습니다. 🄐

◉ 진리의 계시는 **말씀**과 **인간** 사이의 **만남**에서 체험할 수 있습니다.
진리의 계시는 선포된 말씀과 신자 마음의 **만남**에서 체험할 수 있습니다. 🄐
진리의 계시는 기록된 **말씀**과 **독자** 마음의 **융합**에서 체험할 수 있습니다. 🄐

〈가다머 Hans G. Gadamer〉

하나님의 **계시**는 언제 어디서나 인류에게 **인접**해 있습니다. 🄐
계시는 **기도**를 통해서 체험할 수 있습니다. 🄐
계시는 **믿음**을 가지면 잘 볼 수 있습니다. 🄐

지금도 수많은 사람이 **계시**를 체험하면서 **빛**의 **세계**로 가고 있습니다.

⑤ 〈과학〉 **우주법칙과 자연계시**

◉ 뉴턴은 **물리**의 **법칙**을 신의 **계시**로 믿었습니다.
아인슈타인은 물리법칙을 **신**이라고 불렀습니다.
인간은 정교한 물리현상에서 **계시**를 인식할 수 있습니다.

망원경과 현미경은 눈의 기능을 **확장**하고 있습니다.
망원경으로 멀리 있는 **천체**를 볼 수 있습니다.
현미경으로 미세한 **유전자** 활동을 볼 수 있습니다.

제5장 하나님 인식의 이해

◉ 확장된 **눈**으로 신비로운 **생명** 현상을 볼 수 있습니다.

생명은 화학물질인 **유전자** 자체에는 없다는 것을 알 수 있습니다.
생명은 유전자 단백질의 집단에서 **탄생**하는 것을 알 수 있습니다.
생명의 **탄생**은 신비롭고 **성스러운** 것을 알 수 있습니다. 아

〈카우프먼 Stuart Kauffman〉

생명 현상에서 하나님의 신비로운 **경륜**을 알 수 있습니다.
생명은 과학이 만들 수 없다는 것을 알 수 있습니다.
생명의 **탄생**은 하나님의 창조 **섭리**라는 사실을 알 수 있습니다.

◉ 확장된 **지성**은 계산기와 컴퓨터입니다.
확장된 지성의 계산기와 컴퓨터로 복잡한 것을 계산하고 **추론**할 수 있습니다.
확장된 지성으로 신비로운 물리법칙을 깊이 **알** 수 있습니다.

책이나 일기도 **확장된 지성**입니다.
책은 지식과 생각의 범위를 **확장**해줍니다.
일기는 수많은 옛일을 기억하는 범위를 **확장**해줍니다.

◉ 성경은 인간의 **영성**을 **확장**해줍니다. 아
성경의 확장된 영성으로 하나님의 **계시**를 넓게 알 수 있습니다. 아
성경의 확장된 영성으로 하나님에 대한 **신앙**을 깊게 가질 수 있습니다. 아

성경은 *하나님의 진리를 깊고 넓게* 알게 하는 **특별한** 계시입니다. 아

차세대 제자훈련: 문명 위에 성경

⑥ 〈신앙〉 **크리스천 신앙의 핵심**

우리는 계시가 하나님의 뜻과 **진리**를 나타내는 것임을 믿습니다. 아

우리는 우주 **자연**에 나타난 하나님의 **계시**를 믿습니다. 아

우리는 **성경**이 하나님의 특별한 **계시**임을 믿습니다. 아

우리는 **기도**를 통해서 하나님과 **소통**할 수 있음을 믿습니다. 아

성경은 **영혼**을 살리는 계시의 **말씀**임을 믿습니다. 아

성경은 교훈 책망 의로 **교육**하는 계시의 **말씀**임을 믿습니다. 아

우리는 예수 그리스도께서 **계시**의 실증임을 믿습니다. 아

1. 계시와 사명의 찬송 **"똑바로 보고 싶어요"**를 감동적으로 찬양합니다.
2. 크리스천 신앙과 사명을 생각하면서 **3분** 동안 **합심하여** **간절히** 기도합니다.
3. **주기도문**으로 마친 후에 주 안에서 아름다운 **친교**를 합니다.

제5장 하나님 인식의 이해

제 6 장   하나님 본성의 특징

Nature of God

Nature of God

6. 하나님 본성의 특징

① 〈질문〉 하나님의 **본성**은 무엇일까?

② 〈성경〉 **영**이시며 **거룩하신** 하나님

③ 〈신학〉 **절대적 본성**과 **도덕적** 성품

④ 〈인문학〉 도덕 질서와 하나님의 **사랑**

⑤ 〈과학〉 **생물**의 작용과 **본성**

⑥ 〈신앙〉 크리스천 신앙의 **핵심**

차세대 제자훈련: 문명 위에 성경

① 〈질문〉 하나님의 본성은 무엇일까?

◉ 사람들은 하나님이 **어떤** 분이신지 알고 싶어 합니다.
하나님은 **어떻게** 세상을 운행하시는지 알고 싶어 합니다.
이러한 궁금증은 하나님의 **본성**과 연계되어 있습니다.

　　하나님은 **천리**나 **도**와 유사하다는 견해가 있습니다.
　　하나님의 섭리가 **자연법칙**과 유사해 보이기 때문입니다.
　　하나님의 율법이 **시민법**과 유사해 보이기 때문입니다.

　　그러나 천리나 도는 하나님 **본성**과 같은 것이 아닙니다.
　　하나님의 **본성**은 숭고한 **영적 특성**이 있습니다. 아

◉ 과학은 **유전자**에서 아버지의 본성을 찾을 수 없습니다.
유전자에는 아버지의 본성이 없기 때문입니다.
그러나 아버지의 본성은 유전자 **위에** 실제로 존재합니다.

　　과학은 물질세계에서 하나님의 **본성**을 찾을 수 없습니다.
　　물질 자체에는 하나님의 **본성**이 없기 때문입니다.
　　하나님의 **본성**은 물질세계 **위에** 실제로 존재합니다. 아

하나님의 **본성**은 물질세계 위에서 경이롭게 **역사**하고 계십니다. 아

제6장 하나님 본성의 특징

② 〈성경〉 영이시며 거룩하신 하나님

⦿ 하나님은 물질세계 위에 **영**으로 계십니다. 아
하나님은 스스로 존재하시는 **영**이십니다. 아
스스로 존재하시는 하나님은 상대가 없는 **절대적인** 분이십니다. 아

인간은 **영**이신 하나님을 신령과 진리로 **경배**해야 합니다. 아

요한복음 4:24
하나님은 **영**이시니 예배하는 자가 영과 진리로 **예배**할지니라 아

로마서 8:9
만일 너희 속에 **하나님**의 **영**이 거하시면 너희가 육신에 있지 아니하고
영에 있나니 누구든지 **그리스도의 영**이 없으면 그리스도의 사람이 아
니라 아

하나님의 **영**은 인간 마음에 **영**으로 *임재하시기*를 원하십니다.
하나님의 **영**은 예배하는 자에게 임하십니다. 아
하나님의 **영**이 마음에 계시면 **영적인** 사람입니다. 아

⦿ 성경은 영이신 하나님을 **거룩하신** 분으로 증거하고 있습니다. 아
거룩하신 하나님은 세상과 구별된 *최고의* 도덕적 성품을 갖고 계십니다.
거룩하신 하나님은 인간이 **거룩하기**를 원하십니다.

차세대 제자훈련: 문명 위에 성경

레위기 11:44

나는 여호와 너희의 하나님이라 내가 **거룩**하니 너희도 몸을 **구별**하여 **거룩**하게 하고 땅에 기는 길짐승으로 말미암아 스스로 더럽히지 말라

베드로전서 1:16

기록되었으되 내가 **거룩**하니 너희도 **거룩할지어다** 하셨느니라 아

◉ 성경은 존귀하신 하나님을 **주님**으로 증거하고 있습니다. 아
주 하나님은 *모든 것의 주인이신 심히* 위대하신 분이십니다. 아
주 하나님은 우리에게 *복을 주시는* 축복의 근원이십니다. 아

시편 16:2

내가 여호와께 아뢰되 주는 나의 **주님**이시오니 주 밖에는 나의 **복**이 없다 하였나이다 아

시편 104:1

내 영혼아 여호와를 송축하라 여호와 나의 하나님이여 주는 심히 **위대하시며** 존귀와 권위로 옷 입으셨나이다 아

주 하나님은 우주의 최고 **권위**를 갖고 계신 분이십니다.
주 하나님은 인류의 경배와 송축의 유일한 **대상**이십니다.
주 하나님을 믿고 송축하는 사람은 놀라운 **복**을 받게 됩니다. 아

제6장 하나님 본성의 특징

③ 〈신학〉 **절대적 본성과 도덕적 성품**

◉ 하나님은 상대 없이 스스로 계신 **절대적인** 분이십니다. 아
절대적인 하나님은 **세상**을 **상대**하여 역사하십니다. 아
절대적인 하나님은 **인간**을 상대하여 **도덕적**으로 역사하십니다. 아

◉ 스스로 계신 하나님의 **절대적** 본성은 **영성, 영원, 완전**입니다.

　　하나님의 가장 중요한 본성은 **영성**입니다.
　　영이신 하나님은 스스로 계신 **영원하신** 분이십니다.
　　영원하신 하나님은 **완전하신** 분이십니다. 아

〈칼빈 John Calvin〉

◉ **영이신** 하나님은 시간을 초월하신 **영원하신** 분이십니다. 아

　　하나님은 **시간**으로부터 자유로운 분이십니다.
　　하나님은 **시간** 안에 존재하지 않습니다.
　　하나님의 시간은 **영원한 지금**만 있습니다.

〈어거스틴 Augustine〉

　　시간과 공간은 하나님의 **피조물**입니다. 아
　　하나님께서 시간과 공간을 창조하시고 **관리**하십니다. 아

◉ **영원**하신 하나님은 **완전하신** 분이십니다. 아

차세대 제자훈련: 문명 위에 성경

하나님은 영적으로 **살아 계심**이 완전하십니다. 아

하나님께서는 **뜻하시는** 바가 완전하십니다. 아

하나님께서는 **역사하시는** 바가 완전하십니다. 아

◉ **완전**하신 하나님은 **불변**하십니다. 아

세상은 끊임없이 **변화**합니다.

세상은 시간과 공간과 함께 하염없이 변하면서 **흘러갑니다.**

그러나 시간과 공간을 초월하신 하나님은 **불변**하십니다. 아

◉ 세상을 **상대**하시는 하나님의 **상대적** 본성은 **전능, 전지, 전재**입니다.

세상을 상대하시는 하나님은 **전능**하신 분이십니다. 아

전능하신 하나님은 세상의 **모든** 것을 다스리십니다.

전능하신 하나님은 세상의 모든 것을 **효율적**으로 운행하십니다.

창세기 28:3

전능하신 하나님이 네게 **복을 주시어** 네가 생육하고 **번성**하게 하여 네가 여러 족속을 이루게 하시고 아

여호수아 22:22

전능하신 자 하나님 여호와, **전능**하신 자 하나님 여호와께서 아시나니 이스라엘도 장차 알리라 아

제6장 하나님 본성의 특징

전능하신 하나님은 믿는 자에게 **복**을 주시고 **번성**하게 하십니다. 아

전능하신 하나님은 경배하는 자에게 언제나 **힘이 되어** 주십니다. 아

시편 18:1
나의 힘이신 여호와여 내가 주를 사랑하나이다 아

◉ 세상을 상대하시는 하나님은 **전지**하신 능력으로 역사하십니다. 아

하나님께서는 세상에 대한 **완전한 지식**을 가지고 계십니다.
하나님께서는 세상의 과거 현재 미래의 일을 **다 알고** 계십니다.
하나님께서는 우주의 모든 것을 **알고** 계십니다. 아

◉ 세상을 상대하시는 하나님은 **전재**하신 능력으로 역사하십니다. 아

세상에는 하나님을 **피할 곳**이 없습니다.
세상에는 하나님께서 **안 계신 곳**이 없습니다.
하나님께서는 예외 없이 세상의 **모든 곳**에 계십니다.

하나님은 **절대적**이시면서 세상을 **상대**로 역사하십니다.
하나님은 **영원**하시면서 **일시적**인 세상에서 역사하십니다.
하나님은 **불변**하시면서 **변화**하는 세상에서 역사하십니다.

〈핫숀 Charles Hartshorne〉

차세대 제자훈련: 문명 위에 성경

◉ 인간을 향한 하나님의 **도덕적** 성품은 **거룩, 정의, 사랑**입니다.

　　구약성경의 **거룩** 개념은 카도쉬 *Qadosh* 입니다.
　　카도쉬의 의미는 "**분리**" 혹은 "**구별**"입니다.
　　거룩이란 세상에서 구별하여 **하나님** 안에 거하는 것입니다. 아

　　하나님의 **거룩**은 최고의 도덕적 기준입니다.
　　하나님의 **거룩**은 죄와 영원히 반대되는 것입니다.
　　하나님의 **거룩**은 인간이 *본받아야 할 성품입니다.* 아

〈와일리 Orton Wiley〉

◉ 하나님은 인간을 향해 **도덕적**으로 **의로운** 분이십니다. 아

여호와 하나님은 *개인과 사회를 향해* **의로운** 분이십니다.
의로우신 하나님은 *인류에게* 유익한 **공의**를 이루어가십니다.
의로우신 하나님은 **공의**를 따르는 자에게 윤택한 **복**된 삶으로 인도하십니다.

　　　　신명기 16:20
　　너는 마땅히 **공의**만을 따르라 그리하면 네가 살겠고 네 하나님 여호와
　　께서 네게 주시는 **땅**을 차지하리라 아

　　　　이사야 5:16
　　오직 만군의 여호와는 **정의**로우시므로 높임을 받으시며 거룩하신 하나
　　님은 **공의**로우시므로 **거룩**하다 일컬음을 받으시리니 아

제6장 하나님 본성의 특징

◉ 하나님께서는 모든 불의를 **공정**하게 다스리십니다. 아

의로우신 하나님은 인간의 **억울함**을 없게 하십니다. 아

의로우신 하나님은 **공의**가 하수같이 흐르도록 역사하십니다. 아

　세상에는 획일적 평등이나 **완전한** 정의는 없습니다.

　세상에는 모든 사람의 **개성**과 **능력**이 일정하지 않기 때문입니다.

　세상에서 특정한 능력자의 **자랑**과 **횡포**는 사회적인 아픔입니다.

〈마이클 샌델 Michael Sandel〉

◉ 하나님께서는 특정한 능력자의 **자랑**과 **횡포**를 공의로 다스리십니다. 아

　　고린도전서 1:27

　.... 세상의 **미련한** 것들을 택하사 **지혜** 있는 자들을 부끄럽게 하려 하

　시고 세상의 **약한** 것들을 택하사 **강한** 것들을 부끄럽게 하려 하시며

　의로우신 하나님께서는 각자의 **능력**을 소중하게 여기십니다. 아

　의의 하나님께서는 개인의 **달란트**에 따라 **공평**하게 역사하십니다. 아

　의로우신 하나님께서는 **심오한** 경륜적 공의로 역사하십니다. 아

◉ 인간을 향한 하나님의 **도덕적** 성품은 아가페 **사랑**이십니다. 아

아가페 사랑은 **상한 갈대**도 꺾지 아니하시는 사랑입니다.

아가페 사랑은 *꺼져가는* 등불도 끄지 아니하시는 사랑입니다.

차세대 제자훈련: 문명 위에 성경

이사야 42:3
상한 갈대를 꺾지 아니하며 **꺼져가는** 등불을 *끄*지 아니하고 .... 아

하나님의 아가페 **사랑**은 논리와 계산을 넘어선 아름다운 것입니다.
죽어야 할 죄인의 용서는 하나님의 조건 없는 아름다운 **사랑**입니다.
원수를 사랑하는 것은 계산할 수 없는 **아름다운** 사랑입니다.

〈발타자르 Hans U. von Balthasar〉

◉ 하나님은 인류에게 인격적인 **아버지**이십니다. 아

아버지는 자녀를 극진히 **사랑**하고 **보호**하시는 분입니다.
아버지는 자녀에게 **교훈**과 **책망**을 주시는 분입니다.
하나님 **아버지**는 인류의 든든한 **보호자**이십니다.

갈라디아서 4:6
너희가 **아들**인고로 하나님이 그 아들의 영을 우리 마음 가운데 보내사
아바 아버지라 부르게 하셨느니라 아

④ 〈인문학〉 **도덕 질서와 하나님의 사랑**

◉ 질서와 도덕은 **사랑**의 하나님께서 창조하신 것입니다. 아
질서와 도덕은 하나님의 **사랑**이 반영된 것입니다. 아

제6장 하나님 본성의 특징

질서와 도덕은 하나님께서 서로 사랑과 협동을 위해서 주신 것입니다. 回

◉ 동양의 도는 *모든 사람이 가야 할* 덕의 길로 알려져 있습니다.

〈노자 老子〉

　　도를 성경의 로고스와 **유사**하게 보는 견해가 있습니다.
　　도는 자연의 원리로써 성경의 **로고스**와 자주 비교됩니다.
　　그러나 도는 성경의 **로고스**와 같은 것이 아닙니다.

　　성경의 로고스에는 **영적**이고 **인격적**인 본성이 있습니다. 回

◉ 유교 성리학은 천리를 인간이 따라야 할 **도덕적 의리**로 여기고 있습니다.
유교의 **천리**는 하나님의 **도덕적** 원리와 유사해 보입니다.
그러나 하나님의 도덕적 원리는 자연의 원리인 천리와는 다른 것입니다.

〈쭈시 朱熹〉

　　천리에는 **영적**인 능력과 **인격적**인 사랑이 없습니다.
　　천리와 도는 자연의 원리로서 **물리법칙**과 친구가 될 수 있습니다.

◉ 법과 도덕은 인간이 만든 것이 아닙니다.
법은 질서의 원리에서 유래한 것입니다.
도덕은 덕의 원리에서 유래한 것입니다.

질서와 덕의 원리는 하나님의 **사랑**이 반영된 **창조 질서**에서 온 것입니다.

차세대 제자훈련: 문명 위에 성경

⑤ <과학> 생물의 작용과 본성

◉ 생명과학은 아버지의 **본성**을 신비롭게 생각합니다.
아버지의 본성은 화학물질인 **유전자** 기능에는 없기 때문입니다.
아버지의 인격은 **세포**의 기능을 **넘어선** 것입니다.

아버지의 **본성**은 세포 집합체인 몸과 중첩되어 있습니다.
아버지의 **본성**은 몸과 함께하지만, 눈이나 현미경으로 볼 수 없습니다.
하나님의 **본성**은 세상에 내재해 계시지만, 눈으로 볼 수 없습니다.

아버지의 인격과 사랑의 성품은 **감동적**이고 든든합니다.
아버지의 성품은 자녀에게 없어서는 안 되는 **필수**입니다.
하나님의 **성품**은 인류에게 없어서는 안 되는 **필수**입니다. 아

인류에게 꼭 필요한 **하나님**의 성품은 아버지처럼 **가까이** 계십니다. 아

◉ 도는 인간이 따라야 할 **옳은** 길로 생각할 수 있습니다.
천리는 인간이 따라야 할 **의리**로 생각할 수 있습니다.
그리스의 로고스는 **이성**의 **원리**로 이해할 수 있습니다.

그러나 자연의 법칙은 인생의 **목표**가 될 수 없습니다.
자연의 법칙을 통달하는 것이 인생의 **의미**가 될 수 없습니다.
자연의 법칙에는 영원한 **가치**와 **생명**이 없기 때문입니다.

하나님의 **섭리** 안에는 삶의 **목표**와 **의미**가 있습니다. 아

하나님께서는 인생의 목표와 가치를 주시는 분이십니다. 아

◉ 의식에는 **개인**의식과 **집단**의식 그리고 **우주**의식이 있습니다.

개인의식은 세상을 알고 자기를 이해하는 것입니다.

집단의식은 공동체의 집단행동을 하게 하는 것입니다.

우주의식은 우주의 질서와 조화를 이루게 하는 것입니다.

〈펜로즈 Roger Penrose〉

개인의 **자의식**은 개인의 **신앙**을 갖게 합니다.

집단의식은 공동체 **예배**의 **신앙**을 갖게 합니다.

우주의식 현상은 하나님의 **경륜**을 보게 합니다.

의식에 대한 이해는 하나님의 **경륜**과 **영성**에 가까이 가게 합니다.

의식을 통해서 **영적**으로 역사하시는 하나님을 알 수 있습니다. 아

◉ 성경은 **경륜**과 **영**으로 역사하시는 하나님을 증거하고 있습니다. 아

성경은 하나님께서 **영**이시며 **영원**하신 분임을 증거하고 있습니다. 아

성경은 하나님께서 **전지전능**하신 분임을 증거하고 있습니다. 아

성경은 하나님께서 **의롭고 거룩**하신 분임을 증거하고 있습니다. 아

⑥ 〈신앙〉 크리스천 신앙의 핵심

우리는 하나님께서 **영적인** 분이심을 믿습니다. 아

하나님은 **영원**하시고 **불변**하신 분이심을 믿습니다. 아

하나님은 **완전**하시고 **전지전능**하신 분이심을 믿습니다. 아

하나님은 **초월적**이면서 세상에 **내재**하시는 분이심을 믿습니다. 아

하나님은 도덕적으로 **거룩**하시고 **의로우신** 분이심을 믿습니다. 아

하나님은 **도덕**과 **사랑**의 **근원**이심을 믿습니다. 아

우리는 하나님 아버지께서 **인격적인** 분이심을 믿습니다. 아

1. 전능하신 하나님 찬양 **"내 주는 강한 성이요"**를 감동적으로 부릅니다.
2. 크리스천 신앙을 생각하면서 **3분** 동안 **합심하여 간절히 기도**합니다.
3. **주기도문**으로 마친 후에 주 안에서 아름다운 **친교**를 합니다.

제6장 하나님 본성의 특징

제 7 장   삼위일체의 경륜

Trinity

Trinity

7. 삼위일체의 경륜

① 〈질문〉 삼위일체는 **수학 원리**에 맞지 않는 것일까?

② 〈성경〉 **성부 성자 성령**의 삼위일체

③ 〈신학〉 **내재**하시는 **경륜**의 삼위일체

④ 〈인문학〉 예수 그리스도의 **신성**

⑤ 〈과학〉 수학 원리와 삼위일체

⑥ 〈신앙〉 크리스천 신앙의 **핵심**

① 〈질문〉 삼위일체는 수학 원리에 맞지 않는 것일까?

◉ 삼위일체는 **성부 성자 성령** 세 분 하나님의 일체를 의미합니다.
세 분의 하나님의 본체는 **한 분**이라는 사실입니다. 예

삼위일체는 **수학적**으로 이해하기 어렵다는 견해가 있습니다.

> **셋**이 **하나**라는 것이 **수학적** 원리에 맞지 않는다는 것입니다.
> 하지만 **물과 공기는** 어디까지 하나이고 여럿인지 구분이 어렵습니다.
> 그래서 철학은 "**하나**"와 "**여럿**"의 근본을 아직도 탐구하고 있습니다.

> 그런데 수학은 $3^0=1$을 발견하여 사용하고 있습니다.
> 수학은 $1 \times 1 \times 1 = 1$도 있는 것을 믿고 있습니다.

삼위일체가 수학 원리에 맞지 않는다는 것은 **얕은** 생각입니다.

◉ 하나님께서는 **왜 삼위일체**로 역사하실까?

> 삼위일체는 하나님의 **역동적** 사역을 위한 것입니다. 예
> 하나님의 **경륜적** 사역을 위한 것입니다. 예
> 하나님의 **내재적** 사역을 위한 것입니다. 예

〈몰트만 Jürgen Moltmann〉

제7장 삼위일체의 경륜

역동적 사역은 하나님의 뜻을 **효율적**으로 이루시는 것입니다. 아

경륜적 사역은 하나님의 뜻을 **조화롭게** 이루시는 것입니다. 아

내재적 사역은 하나님의 뜻을 **현실적**으로 이루시는 것입니다. 아

② 〈성경〉 **성부 성자 성령의 삼위일체**

◉ 성부 하나님께서는 우주 만물을 **창조**하셨습니다. 아

　　　　　히브리서 1:10
또 주여 태초에 주께서 땅의 **기초**를 두셨으며 하늘도 주의 손으로 **지으신 바라** 아

성부 하나님께서는 **창조**하신 세상의 근원이십니다. 아
성부 하나님께서는 세상을 계속적 창조로 이끌어가십니다. 아
성부 하나님께서는 세상을 **관장**하시는 주권을 갖고 계십니다. 아

하나님께서는 세상 만물의 **주인**이십니다. 아
하나님께서는 세상 만물을 **통치**하십니다. 아
하나님의 **주권**에서 *벗어날 수 있는 것*은 아무것도 없습니다. 아

〈칼빈 John Calvin〉

◉ 성자 예수 그리스도께서는 하나님의 **독생자**로 세상에 오셨습니다. 아

차세대 제자훈련: 문명 위에 성경

요한1서 4:9

하나님의 **사랑**이 우리에게 이렇게 나타난 바 되었으니 하나님이 자기의 **독생자**를 세상에 보내심은 그로 말미암아 우리를 **살리려** 하심이라

독생자가 세상에 오신 것은 하나님의 **사랑**을 나타내신 것입니다. 아
독생자는 인류를 죽음에서 **살리기** 위해 **생명**으로 오셨습니다. 아
독생자는 인류에게 **영원한 생명**을 주시기 위해 오셨습니다. 아

◉ 성자 예수 그리스도는 태초부터 하나님과 **함께** 계셨습니다. 아
성자 예수 그리스도는 태초부터 계신 **하나님**이십니다. 아
성자 예수 그리스도를 믿는 것은 곧 **하나님**을 믿는 것입니다. 아

요한복음 1:1

태초에 **말씀**이 계시니라 이 말씀이 하나님과 **함께** 계셨으니 이 말씀은 곧 **하나님**이시니라 아

◉ 성령께서는 **진리**를 알게 하시고 **정결**하게 하시며 **의롭게** 하십니다. 아
성령께서는 하나님의 깊은 **뜻**을 보여주시고 **통달**하게 하십니다. 아

고린도전서 2:10

오직 하나님이 **성령**으로 이것을 우리에게 보이셨으니 **성령**은 모든 것 곧 하나님의 깊은 것까지도 **통달**하시느니라 아

고린도전서 6:11
너희 중에 이와 같은 자들이 있더니 주 예수 그리스도의 이름과 우리
하나님의 **성령** 안에서 **씻음**과 **거룩함**과 **의롭다** 하심을 받았느니라 아

◉ **성령**께서는 **능력**을 주시고 *기쁨과 평강과 소망*이 넘치게 하십니다. 아

로마서 15:13
소망의 하나님이 모든 **기쁨**과 **평강**을 믿음 안에서 너희에게 **충만**하게
하사 **성령**의 **능력**으로 소망이 넘치게 하시기를 원하노라 아

성령께서는 고통이 있는 자에게 **치유**와 **평강**을 주십니다. 아
성령께서는 낙심한 자에게 **소망**과 **기쁨**을 주십니다. 아
성령의 모든 능력은 하나님의 **영광**을 나타내는 것입니다. 아

③ 〈신학〉 **내재하시는 경륜의 삼위일체**

◉ 삼위일체에서 **삼**은 성부 성자 성령 세 분을 의미합니다.
삼위일체에서 **위**는 페르소나 *persona* 즉 **인격**을 나타냅니다.
삼위일체에서 **일체**는 **하나**라는 의미입니다.

〈터툴리안 Tertullian〉

삼위일체 하나님은 서로 협력하여 **동역**하십니다.
하나님과 예수님과 성령님은 서로 **관여** 하십니다.

차세대 제자훈련: 문명 위에 성경

성삼위 하나님께서는 **동역**하시고 **관여**하시는 **삼위일체**이십니다.

삼위일체 하나님께서는 세상에 **내재**하셔서 역사하십니다.
삼위일체 하나님께서는 인간의 생각을 넘어서 **경륜**으로 역사하십니다.

⊙ 삼위일체 하나님은 **성경**이 증거하고 있습니다.
삼위일체 하나님은 **복음**의 진리입니다.
삼위일체 하나님은 **공교회** 신학회의에서 **증명**된 것입니다.

공교회 회의는 **다수결**로 결정하는 것이 아닙니다.
공교회 회의는 **논리적** 귀결로 결정하는 것이 아닙니다.
공교회 회의는 **성경**의 영적 진리를 **확증**하는 것입니다.

⊙ **성부** 하나님은 **성자** 예수 그리스도를 세상에 보내셨습니다.
성자 예수 그리스도의 사역에 이어서 보혜사 **성령**께서 역사하십니다.
성령은 성부 성자와 함께 **동역**하십니다.

삼위일체 하나님께서는 **인격적**으로 **사역**하십니다. 아
삼위일체 하나님께서는 **영적**으로 **사역**하십니다. 아
삼위일체 하나님께서는 **우주적**으로 **사역**하십니다. 아

⊙ 삼위일체 하나님은 **이성**과 **논리**를 넘어서 **신비롭게** 역사하십니다. 아
삼위일체 하나님은 인간의 **감성**과 **느낌**을 넘어서 **경이롭게** 역사하십니다. 아
삼위일체 하나님은 **기묘**하시고 광대하신 **지혜**로 역사하십니다. 아

제7장 삼위일체의 경륜

삼위일체 하나님의 사역은 인간이 **측량**할 수 없는 **경륜**입니다. 아

④ 〈인문학〉 **예수 그리스도의 신성**

◉ 삼위일체를 **잘못** 해석하는 오류들이 있습니다.
삼위일체 해석 가운데에는 **위험한** 이론들이 있습니다.
삼위일체에 관한 잘못된 해석에서 **이단**들이 생겨났습니다.

◉ 예수님은 더러운 **육체**를 가지지 않으셨다는 주장이 있습니다.
예수님은 세상에 계실 때 **모습**만 보이셨다는 것입니다.
이것은 육체를 더러운 것으로 생각한 **영지주의** 영향을 받은 것입니다.

〈가현설 Docetism〉

예수님은 **모습**만 세상에 계셨던 것이 아닙니다.
예수님은 **육신**을 갖고 실제로 이 땅에 계셨습니다.
예수님은 **고통과 슬픔**을 느끼시는 인간의 몸을 가지셨습니다. 아

육체는 더러운 것이 아닙니다.
유전된 **부패성**과 **죄**가 더러운 것입니다.

◉ 예수님은 단순히 훌륭한 **인간**이었다는 얕은 주장이 있습니다.
예수님의 사역은 **탁월**하고 신비스러웠다는 것입니다.

차세대 제자훈련: 문명 위에 성경

그래서 사람들은 예수님을 하나님으로 **불렀다**는 것입니다.

〈명목론 Nominalism〉

이 주장은 근거 없이 **추측한** 것에 지나지 않습니다.

⊙ 예수님은 하나님과 **비슷한 분**이라는 주장이 있습니다.
훌륭하신 예수님은 하나님과 **유사**하다는 것입니다.
예수님이 하나님과 유사하다는 것은 고대 **이단**의 대표적인 것입니다.

〈아리안주의 Arianism〉

얕은 성경학자가 성경의 진리를 **잘못** 이해한 것입니다.
이것은 **니케아** 공교회 회의에서 잘못된 것으로 드러났습니다.

예수님은 하나님과 **비슷한 분**이 아닙니다.
예수님은 살아계신 **하나님**의 **아들**이십니다. 아
예수님은 곧 **하나님**이십니다.

⊙ 예수님과 하나님은 **같은 분**이라는 사실입니다. 아
예수님은 하나님께서 친히 세상에 자신을 나타내신 것입니다. 아
예수님과 하나님은 본질상 **같은 분**이심을 성경이 증거하고 있습니다.

〈아타나시우스 Athanasius〉

진지한 성경학자가 성경의 진리를 **옳게** 발견한 것입니다.
이 사실은 **니케아** 공교회 회의에서 **확증**되었습니다.

제7장 삼위일체의 경륜

이 사실은 오랜 전통의 복음의 **진리**입니다.

예수님은 하나님과 비슷하다는 주장은 **오류**입니다.
이것은 니케아 회의 후에도 **잘못**된 것으로 드러났습니다.
신학이 발달한 오늘날에도 명백하게 **오류**로 증명되고 있습니다.

아직도 그리스도의 신인 유사론을 믿는 것은 안타까운 일입니다.

⑤ 〈과학〉 **수학 원리와 삼위일체**

◉ 수학에서는 **수**와 **기하**의 원리를 발견하여 사용하고 있습니다.

수학은 인간이 만든 것이 아니라 **원래** 있는 것입니다.
과학은 *수학*으로 세상 현상을 신기하게 **계산**하고 있습니다.
과학은 정교한 *계산*으로 물리의 법칙을 **확증**하고 있습니다.

〈플라톤 Plato, 펜로즈 Roger Penrose〉

정교하게 계산할 수 있는 수학의 **원리**는 놀랍습니다.
정교하게 계산하는 수학은 창조 질서 안에 있는 것입니다. 아

수학의 **계산**에는 1+1+1=3만 있는 것이 아닙니다.
수학의 계산에는 1x1x1=1과 3^0=1도 있습니다.
삼위일체 하나님은 수학의 원리에 **대치**되는 것이 아닙니다. 아

차세대 제자훈련: 문명 위에 성경

◉ 세상에는 **질료**와 **물리법칙**과 **의식**이 있다는 첨단 과학적 주장이 있습니다.
세상은 **질료**와 **물리법칙**과 **의식**에 의해서 운행된다는 것입니다.
세상은 이 삼 요소가 서로 연계되어 **상호작용**을 하고 있다는 것입니다.

〈펜로즈 Roger Penrose〉

질료는 피조물 세계처럼 보입니다.
물리법칙은 자연법칙의 로고스처럼 보입니다.
의식은 우주의 영혼처럼 보입니다.

우주는 **이 세 가지**가 작용한다는 것은 첨단 물리학자의 주장입니다.

이러한 현상은 **삼위일체**의 작용처럼 보입니다.
그러나 이런 현상은 삼위일체의 작용이라고 하지 않습니다.
우주 자연의 **물리현상**일 뿐입니다.

◉ 성부 성자 성령의 삼위일체 하나님은 **역동적인 섭리**로 역사하십니다. 아
삼위일체 하나님은 세상에 **내재**하셔서 **경륜**으로 역사하십니다. 아
삼위일체 하나님은 인간을 향하여 **인격적**으로 역사하십니다. 아

⑥ 〈신앙〉 **크리스천 신앙의 핵심**

우리는 **성부 성자 성령**의 삼위일체 하나님을 믿습니다. 아

성부 하나님께서 우주 만물을 **창조**하셨음을 믿습니다. 아

성자 예수님께서는 하나님의 **독생자**로 세상에 오셨음을 믿습니다. 아

성령께서는 영적인 **능력**으로 역사하심을 믿습니다. 아

삼위일체 하나님은 세상에서 **역동적**으로 역사하심을 믿습니다. 아

삼위일체 하나님은 **내재**하셔서 **경륜**으로 역사하심을 믿습니다. 아

삼위일체 하나님은 **인격적**으로 역사하심을 믿습니다. 아

1. 삼위일체 성령의 하나님 찬양 **"우리 주의 성령이"**를 감동적으로 부릅니다.
2. 크리스천 신앙을 생각하면서 **3분** 동안 **합심하여 간절히 기도**합니다.
3. **주기도문**으로 마친 후에 주 안에서 아름다운 **친교**를 합니다.

차세대 제자훈련: 문명 위에 성경

제 8 장   예수 그리스도의 본성

Jesus

Jesus

8. 예수 그리스도의 본성

① 〈질문〉 예수님은 왜 **특별한** 분이신가?

② 〈성경〉 인류의 **구원자** 예수 그리스도

③ 〈신학〉 예수 그리스도의 **신성과 인성**

④ 〈인문학〉 훌륭한 **성인과 구원의 그리스도**

⑤ 〈과학〉 예수님의 육신과 **본성**

⑥ 〈신앙〉 크리스천 신앙의 **핵심**

차세대 제자훈련: 문명 위에 성경

① <질문> 예수님은 왜 특별한 분이신가?

⊙ 예수 그리스도는 세상에 많이 **알려져** 있습니다.
예수님을 모르는 사람은 거의 없습니다.
그러나 예수님에 대해서 **바르게** 알고 있는 사람은 많지 않습니다.

세상에는 **예수님**에 관한 해석들이 많이 있습니다.
하지만 **예수님**에 관한 올바른 해석은 많지 않습니다.
대부분 **이성적**인 인문학적 해석이기 때문입니다.

요한복음 1:5
빛이 어둠에 비치되 어둠이 **깨닫지** 못하더라 [아]

세상은 **생명**의 **빛**이 비치되 깨닫지 못하고 있습니다.
세상은 예수님께서 **생명**의 **빛**이신 의미를 알지 못하고 있습니다.
생명의 **빛**은 **이성**만으로는 알 수 없기 때문입니다.

생명의 빛은 **믿음**으로 알 수 있는 것입니다. [아]

⊙ 과학은 예수님의 흔적에서 **유전 정보**를 찾아서 분석하려고 합니다.
그 결과가 어떻게 될지 **궁금해**하는 사람들이 많이 있습니다.
예수님의 유전자는 일반 사람들과 **다른** 것인지 궁금한 일입니다.

제8장 예수 그리스도의 본성

그러나 유전자 분석으로는 예수 그리스도의 **본성**을 알 수 없습니다.
예수님의 **본성**은 유전자를 넘어선 것이기 때문입니다. 아
예수님의 **본성**에는 **영적**이고 **신적**인 차원이 있기 때문입니다. 아

② <성경> **인류의 구원자 예수 그리스도**

◉ 예수님께서는 이 땅에 하나님의 **독생자**로서 오셨습니다. 아
예수님께서는 인류에게 **은혜**와 **사랑**을 베풀기 위해 오셨습니다. 아
예수님께서는 **진리**로서 인류 가운데 거하시기 위해 오셨습니다. 아

요한복음 1:14
말씀이 육신이 되어 우리 가운데 거하시매 우리가 그의 영광을 보니
아버지의 **독생자**의 영광이요 **은혜**와 **진리**가 충만하더라 아

◉ 독생자 예수님은 세상을 구원하시는 **메시야**이십니다. 아
예수님은 죄 많은 세상을 구원하시는 **구세주**이십니다. 아
예수님은 하나님 나라를 세우시는 **사역자**이십니다. 아

메시야는 기름 부음을 받은 자입니다.
기름 부음을 받은 자는 하나님 **사역자**입니다.
메시야 예수님은 기름 부음 받은 하나님의 **사역자**이십니다. 아

메시야는 구약의 히브리어이고, **그리스도**는 신약의 희랍어입니다.

차세대 제자훈련: 문명 위에 성경

요한복음 1:41
그가 먼저 자기의 형제 시몬을 찾아 말하되 우리가 **메시야**를 만났다 하고 (**메시야**는 번역하면 **그리스도라**) 아

마태복음 16:16
시몬 베드로가 대답하여 이르되 주는 **그리스도**시요 살아 계신 하나님의 **아들**이시니이다 아

◉ 메시야 예수님을 **영접**하는 자는 **구원**을 얻습니다. 아
메시야 예수님을 **믿는** 자는 하나님의 자녀가 되는 **권세**를 갖게 됩니다. 아
하나님의 자녀는 혈통이나 노력이 아니라 믿음의 **은혜**로 되는 것입니다. 아

요한복음 1:12~13
영접하는 자 곧 그 이름을 **믿는 자**들에게는 하나님의 **자녀**가 되는 권세를 주셨으니, 이는 혈통으로나 육정으로나 사람의 뜻으로 나지 아니하고 오직 하나님께로부터 **난 자**들이니라 아

예수님은 세상을 구원하시는 구세주 **메시야**이십니다. 아
예수님은 인류를 구원하시는 구원의 주 **그리스도**이십니다. 아

제8장 예수 그리스도의 본성

③ 〈신학〉 **예수 그리스도의 신성과 인성**

◉ 예수님은 **신성**을 가지신 분이십니다. 아

　　　요한복음 11:27
이르되 주여 그러하외다 주는 **그리스도**시요 세상에 오시는 하나님의 **아들**이신
줄 내가 믿나이다 아

　　예수님은 하나님의 아들로서 **신성**을 갖고 계십니다. 아
　　예수님은 태초부터 계셨던 선재 하심이 **신성**을 나타내십니다. 아
　　예수님은 태초부터 계셨던 **하나님**이십니다. 아

　　예수님의 무죄함이 **신성**을 나타냅니다. 아
　　예수님께서는 자신의 **죄**에 관한 고백을 하신 적이 없습니다.
　　예수님은 **원죄**도 없고 **개인적**인 죄도 없습니다.

◉ 예수님은 **인성**을 갖고 계신 분이십니다. 아

　　예수님께서는 **육신**을 입고 세상에 계셨습니다.
　　예수님께서는 외적인 모습만이 아니라 실제로 **육체**를 갖고 계셨습니다.
　　예수님께서는 육신의 **고난과 슬픔**을 느끼셨습니다.

　　　요한복음 11:35
　　예수께서 **눈물**을 흘리시더라 아

차세대 제자훈련: 문명 위에 성경

예수님은 인간처럼 **이성**과 **감정**과 **영혼**을 갖고 계셨습니다.
예수님께서는 기쁨과 고통을 느끼셨고, **사랑**을 베푸셨습니다.
예수님께서는 길 잃은 인생들을 보고 **불쌍히** 여기셨습니다.

누가복음 22:44
예수께서 힘쓰고 애써 더욱 간절히 기도하시니 **땀**이 땅에 떨어지는 **핏
방울** 같이 되더라 [아]

예수 그리스도는 힘쓰고 애쓰시는 **인성**을 가지신 분입니다.

◉ 예수님은 **신-인성**을 갖고 계신 분이십니다. [아]

예수님은 신성과 인성을 **함께** 갖고 계십니다. [아]
예수님의 **신-인성**은 말씀이 육신이 된 **성육신**에서 알 수 있습니다.
예수님은 하나님의 **독생자**로서 육신을 입고 세상에 오신 것입니다. [아]

요한복음 1:14
말씀이 **육신이 되어** 우리 가운데 거하시매 .... [아]

마태복음 1:23
보라 처녀가 잉태하여 아들을 낳을 것이요 그의 이름은 **임마누엘**이라
하리라 하셨으니 이를 번역한즉 하나님이 우리와 **함께** 계시다 함이라
[아]

제8장 예수 그리스도의 본성

예수님의 **성육신**은 하나님께서 우리와 함께하시는 것입니다. 아

예수님의 성육신은 하나님께서 세상에 내재하시는 **임마누엘**입니다. 아

예수님의 성육신은 임마누엘의 **신-인성**을 나타내는 것입니다. 아

예수님은 성스러운 **신성**을 갖고 계십니다. 아

예수님은 인격적인 **인성**을 갖고 계십니다. 아

예수님은 성육신의 **신-인성**을 갖고 계십니다. 아

◉ 예수님은 사람의 아들 **인자**이십니다. 아

예수님께서는 자신이 사람의 아들 즉 **인자**라고 하셨습니다.

인자는 역사의 종말을 알리는 사람입니다.

인자는 하나님의 심판을 알리는 사람입니다.

인자는 새로운 세상을 열어갈 **하나님**의 **사역자**입니다. 아

누가복음 19:10

◉ 인자가 온 것은 잃어버린 자를 찾아 **구원**하려 함이니라 아

예수님은 **인자**로서 잃어버린 자를 **구원**하십니다. 아

예수님은 구원의 새로운 세상을 열어가실 **인자**이십니다. 아

마가복음 8:31

인자가 많은 고난을 받고 장로들과 대제사장들과 서기관들에게 버린 바 되어

죽임을 당하고 사흘 만에 **살아나야 할** 것을 비로소 그들에게 가르치시되 아

인자이신 예수님은 **고난**을 많이 당하시고 돌아가셨습니다.
인자이신 예수님은 사흘 만에 **부활**하셔서 **구원**의 사역을 이루셨습니다. 아

◉ 예수님은 **선한 목자**이십니다. 아

요한복음 10:11
나는 **선한 목자**라 선한 목자는 양들을 위하여 **목숨**을 버리거니와 아

예수님은 자신의 **목숨**을 내주고 양들을 구하는 **선한 목자**이십니다. 아
예수님은 인류를 위해 **십자가**에서 희생당하신 **선한 목자**이십니다. 아

시편 23:2
그가 나를 푸른 풀밭에 누이시며 쉴 만한 물 가로 **인도**하시는도다 아

예수님께서는 고단한 인생들을 푸른 풀밭으로 **인도**하십니다. 아
예수님께서는 힘겨운 백성들을 쉴만한 물가로 **안내**하십니다. 아
예수님께서는 무거운 짐을 진 자들에게 평안한 **쉼**을 주십니다. 아

마태복음 11:28
수고하고 무거운 짐 진 자들아 다 내게로 오라 내가 너희를 **쉬게** 하리라 아

◉ 예수님은 **승리자**이십니다. 아

　예수님께서는 **죄**를 이기셨습니다. 아
　예수님께서는 **죽음**을 이기셨습니다. 아
　예수님께서는 세상의 **모든** 것을 이기셨습니다. 아

〈아울렌 Gustaf Aulén〉

　예수님의 **제자**가 되면 세상의 아픔을 능히 이기는 **승리자**가 됩니다.
　권능의 **주님**께서 언제나 **함께**하시기 때문입니다. 아

　　　신명기 31:23
　.... 강하고 담대하라 내가 너와 **함께 하리라** 아

④ 〈인문학〉 **훌륭한 성인과 구원의 그리스도**

◉ 예수님은 훌륭하신 **성인**이라는 견해가 있습니다.
예수님은 교회의 **창시자**라는 견해도 있습니다.
예수님은 인류에게 가장 **큰 영향**을 준 사람이라는 것입니다.

　예수님을 종교의 **선구자**로 보는 인문학적 시각도 있습니다.
　예수님은 천재적 **설교가**로서 많은 영향을 주었다는 것입니다.
　예수님은 사람들의 마음을 사로잡는 신앙의 **지도자**였다는 것입니다.

〈르낭 Ernst Renan〉

차세대 제자훈련: 문명 위에 성경

그러나 예수님은 단순히 훌륭한 **성인**이 아닙니다.
예수님은 사람들을 현혹하는 천재적인 **설교가**도 아닙니다.
예수님은 인류를 구원하시고 **생명**을 주시는 **그리스도**이십니다. 아

◉ 예수님의 사역은 신비로운 **신화**로 덮혀 있다는 왜곡된 견해가 있습니다.
예수님의 진리를 이해하기 위해서는 신화의 옷을 **벗겨야** 한다는 것입니다.
예수님의 진리를 만나기 위해서는 신화를 벗겨야 한다는 것입니다.

〈불트만 Rudolf Bultmann〉

예수님의 사역은 신비로운 **신화**의 옷을 입고 있는 것이 아닙니다.
예수님의 사역을 증거하고 있는 성경 말씀은 **진리**입니다.
성경 말씀은 *문명 위에 있는* **영원한** 진리입니다. 아

예수님은 살아계신 하나님의 아들이요 구원의 **메시야**이십니다. 아
예수님의 **본성**은 하나님이요 *구원의 그리스도라는* 사실입니다. 아

◉ 예수 그리스도는 **시간**을 넘어서 역사하십니다.
예수님의 사역은 시간 **안에서** 일어나는 **일반역사**의 사건과는 다른 것입니다.
예수님의 사역은 시간과 문명 **위에서** 일어나는 **구원역사**입니다.

〈오스카 쿨만 Oscar Cullmann〉

시간 **안에** 있는 **일반역사**는 왜곡하여 해석될 수 있습니다.
시간 **위에** 있는 **구원역사**는 변하지 않는 진리의 역사입니다. 아
예수 그리스도의 **구원역사**는 *영원한* 진리의 역사입니다. 아

제8장 예수 그리스도의 본성

⑤ <과학> **예수님의 육신과 본성**

◉ 생명과학은 예수님의 흔적에서 예수님의 **본성**을 찾아내려고 합니다.
그러나 생명과학은 예수님의 본성을 찾지 못할 것입니다.
예수님의 흔적에는 예수님의 **본성**이 없기 때문입니다.

　　생명과학은 예수님의 성스러운 **신성**을 알 수 없습니다.
　　생명과학은 예수님의 특별한 **신-인성**을 알 수 없습니다.
　　예수님의 본성은 **믿음**으로만 알 수 있는 것입니다.

◉ 말씀이 육신이 된 **성육신**은 생명과학으로 해석할 수 있는 것이 아닙니다.
성육신은 유전자 디자인이나 **편집**으로 해석할 수 있는 것도 아닙니다.
임마누엘 **성육신**은 전능하신 하나님의 신비로운 **역사**입니다. 아

　　예수님은 이 땅에 오신 임마누엘의 구원의 **메시야**이십니다. 아
　　예수님은 죄와 죽음을 이기신 **승리자**이십니다. 아
　　예수님은 지친 인생들을 푸른 초장으로 인도하시는 **목자**이십니다. 아

예수님은 인류 구원을 위한 **그리스도**요 살아계신 하나님의 **아들**이십니다. 아

⑥ 〈신앙〉 **크리스천 신앙의 핵심**

우리는 예수님께서 **태초**부터 하나님과 **함께** 계셨음을 믿습니다. 아

예수님께서 **성육신**하여 인간 세상에 오셨음을 믿습니다. 아

예수님은 살아계신 하나님의 **아들**이심을 믿습니다. 아

예수님은 **하나님**이시면서 **인간**이심을 믿습니다. 아

예수님은 세상을 **구원**하시는 **그리스도**이심을 믿습니다. 아

예수님은 믿는 자들에게 **선한 목자** 되심을 믿습니다. 아

예수님은 죄와 죽음을 이기신 **승리자**이심을 믿습니다. 아

1. 오직 주 찬양 **"나는 행복해요"** (주님 한 분 밖에는)를 감동적으로 부릅니다.
2. 크리스천 신앙을 생각하면서 **3분** 동안 **합심**하여 **간절히 기도**합니다.
3. **주기도문**으로 마친 후에 주 안에서 아름다운 **친교**를 합니다.

제 9 장 그리스도의 사역

Christk

제 9 장 그리스도의 사역

Christ

Christ

9. 그리스도의 사역

① ⟨질문⟩ 예수 그리스도의 **사역**은 무엇일까?

② ⟨성경⟩ 영원한 **하나님 나라**의 사역

③ ⟨신학⟩ 죄의 **용서**와 **구원**의 사역

④ ⟨인문학⟩ 고상한 교훈과 영원한 **진리**

⑤ ⟨과학⟩ 육신의 활동과 영적 사역

⑥ ⟨신앙⟩ 크리스천 신앙의 **핵심**

차세대 제자훈련: 문명 위에 성경

① <질문> 예수 그리스도의 사역은 무엇일까?

◉ 생명과학은 인류를 **영생**으로 안내할지 궁금합니다.
미래 학문은 인류의 **죄** 문제를 해결할 수 있을지 궁금합니다.
첨단 과학은 인류에게 영원한 **평화**를 줄 수 있을지 궁금합니다.

이러한 궁금증에 대해서 분명하게 **대답**할 수 있는 사람은 없습니다.

오직 예수 그리스도만이 인류에게 **답**을 주었습니다.
예수 그리스도께서 **죽음**의 문제를 해결해 주셨습니다. 아
예수님께서는 **생명**의 길을 열어주셨습니다. 아

◉ 예수님께서는 영원히 죽지 않는 **영생**의 길을 내셨습니다. 아
예수님께서는 죽음에서 영생으로 가는 **은혜**를 베푸셨습니다. 아
예수님께서는 **생명** 안에서 왕 노릇 할 수 있는 **특권**을 주셨습니다. 아

요한복음 3:17
하나님이 그 아들을 세상에 보내신 것은 세상을 **심판**하려 하심이 아니
요 그로 말미암아 세상이 **구원**을 받게 하려 하심이라 아

로마서 5:17
한 사람의 범죄로 말미암아 **사망**이 그 한 사람을 통하여 왕 노릇 하였

제9장 그리스도의 사역

은즉 더욱 은혜와 의의 선물을 넘치게 받는 자들은 한 분 **예수** 그리스도를 통하여 **생명** 안에서 왕 노릇 하리로다 아

② <성경> **영원한 하나님 나라의 사역**

◉ 예수님께서는 **하나님 나라**를 세우신 사역을 하셨습니다. 아

예수님께서는 영원한 **하나님 나라**를 친히 세우셨습니다. 아
하나님 나라는 세상을 초월한 **영생**의 나라입니다. 아
영원한 **하나님 나라**는 이 땅에서부터 시작되고 있습니다. 아

누가복음 17:21
또 여기 있다 저기 있다고도 못하리니 하나님의 나라는 **너희 안에** 있느니라

◉ 하나님 나라는 믿는 자들 안에서 이미 시작된 것입니다. 아
하나님 나라는 예수님의 제자들이 담대하게 전파했습니다.
하나님 나라는 차세대 제자들도 담대하게 전파해야 할 사명이 있습니다. 아

사도행전 28:31
하나님의 나라를 전파하며 주 예수 그리스도에 관한 모든 것을 담대하게 **거침없이** 가르치더라 아

하나님 나라는 예수님의 제자들이 거침없이 가르쳤습니다.

차세대 제자훈련: 문명 위에 성경

로마서 14:17
하나님의 나라는 먹는 것과 마시는 것이 아니요 오직 **성령** 안에 있는 의와 평강과 희락이라 [아]

하나님 나라는 **성령** 안에서 **의**와 **평강**과 **희락**의 나라입니다. [아]

◉ 하나님 나라의 백성이 되는 것은 예수님께서 원하시는 것입니다.
하나님 나라의 백성이 되는 자격은 **회개**하고 하나님을 **믿는** 자입니다. [아]
하나님 나라의 백성은 **믿음으로** 죄 사함을 받고 **구원**을 얻은 자입니다. [아]

마가복음 1:15
이르시되 때가 찼고 **하나님**의 **나라**가 가까이 왔으니 **회개**하고 복음을 **믿으라** 하시더라 [아]

요한복음 6:47
진실로 진실로 너희에게 이르노니 **믿는** 자는 **영생**을 가졌나니 [아]

예수 그리스도를 믿는 자는 **영생**을 가진 하나님 나라의 백성입니다. [아]

요한1서 4:9
하나님의 **사랑**이 우리에게 이렇게 나타난 바 되었으니 하나님이 자기의 **독생자**를 세상에 보내심은 그로 말미암아 우리를 **살리려** 하심이라

제9장 그리스도의 사역

③ 〈신학〉 죄의 용서와 구원의 사역

◉ 예수님은 인류를 위해 하나님의 **사랑**으로 오셨습니다. 아

예수님은 **십자가**에 달려 죽기까지 인류를 **사랑**하셨습니다. 아

예수님은 인류의 **죄**를 **용서**하기 위해서 십자가에서 **보혈**을 흘리셨습니다. 아

예수님은 *인류의* **대제사장** 사역을 하셨습니다. 아

> 히브리서 6:20
>
> 그리로 앞서가신 **예수**께서 멜기세덱의 반차를 따라 영원히 **대제사장**이 되어 우리를 위하여 들어가셨느니라 아

◉ 성전의 대제사장은 어린 양의 **피**로 **죄**를 대속하는 사역을 했습니다. 아

인류의 대제사장이신 예수님은 **십자가 보혈**로 인류의 **죄**를 대속하셨습니다. 아

> 히브리서 9:22
>
> 율법을 따라 거의 모든 물건이 피로써 정결하게 되나니 **피흘림**이 없은 즉 **사함**이 없느니라 아

> 히브리서 4:14
>
> 그러므로 우리에게 큰 **대제사장**이 계시니 승천하신 이 곧 하나님의 아들 **예수**시라 우리가 **믿는** 도리를 굳게 잡을지어다 아

예수님의 보혈을 **믿는** 자는 영원한 **하나님 나라**의 백성이 되는 것입니다.

차세대 제자훈련: 문명 위에 성경

◉ 예수님께서는 **고난의 종**의 사역을 하셨습니다. 아

> 이사야 53:5
> 그가 찔림은 우리의 허물 때문이요 그가 상함은 우리의 **죄악** 때문이라 그가 징계를 받으므로 우리는 **평화**를 누리고 그가 채찍에 맞으므로 우리는 **나음**을 받았도다 아

예수님은 죄인을 위해 십자가에서 **고난의 보혈**을 흘리셨습니다. 아
예수님의 **고난**을 통한 **보혈**은 죄 사함의 능력이 있습니다. 아
누구든지 십자가의 **보혈**을 믿으면 죄 사함을 얻게 하셨습니다. 아

◉ 예수님께서는 하나님과 인간 사이의 **중보자** 사역을 하셨습니다. 아

> 디모데전서 2:5
> 하나님은 한 분이시요 또 하나님과 사람 사이에 **중보자**도 한 분이시니 곧 사람이신 **그리스도 예수**라 아

하나님과 인간 사이에는 **죄의 벽**이 있습니다.
하나님과 인간은 *죄로 인해서* 절망적인 **단절** 상태에 있습니다.
예수님은 죄의 벽을 허무는 **중보자** 사역을 하셨습니다. 아

> 히브리서 9:15
> 이로 말미암아 그는 새 언약의 **중보자**시니 이는 첫 언약 때에 범한 죄에서 속량하려고 죽으사 부르심을 입은 자로 하여금 **영원한 기업**의 약

제9장 그리스도의 사역

속을 얻게 하려 하심이라 [아]

예수님은 하나님과 인간 사이의 **관계 회복**을 하셨습니다. [아]
예수님은 하나님과 인간 사이의 **영적 소통**의 길을 열어주셨습니다. [아]

◉ **중보** 할 자는 죄를 속량하시는 예수님 외에는 아무도 없습니다. [아]
오직 예수님께서 **죄의 벽**을 허물고 하나님과 화해를 이루셨습니다. [아]
그래서 기도는 **중보자** 예수 그리스도의 이름으로 하나님께 드리는 것입니다.

◉ 예수님께서는 **주님**으로서 사역을 하셨습니다. [아]

주님은 성경 희랍어로 큐리오스 *Kyrios* 입니다.
큐리오스는 **주인**이라는 의미입니다.
예수님은 모든 인류와 세상의 **주님**이십니다. [아]

요한계시록 17:14
그들이 어린 양과 더불어 싸우려니와 어린 양은 **만주의 주시요** 만왕의
왕이시므로 그들을 이기실 터이요 [아]

마태복음 16:16
시몬 베드로가 대답하여 이르되 **주는 그리스도시요** 살아 계신 하나님
의 아들이시니이다 [아]

세상의 악을 이기신 만왕의 왕 예수님은 **만주의 주님**이십니다. [아]

차세대 제자훈련: 문명 위에 성경

◉ 성스러운 하나님의 이름은 **여호와** *YHWH* 입니다.
하나님은 너무 존엄하고 거룩하셔서 감히 **이름**을 부를 수가 없었습니다.
"여호와"에 모음을 더하여 아도나이 *Adonai* 즉 **나의 주님**으로 불렀습니다.

아도나이는 구약의 히브리어이고, **큐리오스**는 신약의 희랍어입니다.

> 하나님을 직접 부르는 대신에 아도나이 즉 **주님**이라고 한 것입니다.
> 동양에서 **어른 이름**을 함부로 부르지 않는 것과 비슷합니다.
> **주님**은 하나님의 **존엄**과 **주권**을 나타내는 것입니다. 아

> 주 하나님과 주 예수 그리스도는 한 분이시며, 같은 **주님**이십니다. 아

④ 〈인문학〉 **고상한 교훈과 영원한 진리**

◉ 예수님은 실천하기 어려운 **고상한** 교훈을 전파했다는 도전이 있습니다.
실천하기 힘든 **이타적인** 사랑과 **높은** 이상을 가르치신 분이라는 것입니다.

> 예수님의 교훈은 높은 **하늘의 가르침**이라는 것입니다.
> 문제가 많은 인간은 그런 **고상한 교훈**을 **실천**하기 어렵다는 것입니다.
> 예수님의 교훈은 오히려 열등감과 **소외감**을 준다는 것입니다.

〈포이에르바흐 Ludwig Feuerbach〉

예수님께서는 고상한 교훈이 아니라 **영원한 진리**를 전하신 것입니다. 아

제9장 그리스도의 사역

예수님의 사역은 서민들이 실천할 수 없는 **고상한** 설교가 아닙니다.
예수님의 교훈은 사람들에게 **열등감**을 느끼게 하는 가르침이 아닙니다.
누구든지 믿음으로 갈 수 있는 **하나님 나라**를 전한 것입니다. 아

　　하나님 나라는 꿈의 **이상**이 아니라 믿음의 **실상**입니다. 아
　　하나님 나라는 문명 위에서 **찬란하게** 전개되는 **영적** 세계입니다. 아

◉ 예수님의 메시지는 소외된 자들에게 **솔깃하다**는 것입니다.
예수님의 가르침을 한 번 **맛보면** 헤어나오지 못한다는 것입니다.
예수님의 교훈은 **아편**과 같다는 것입니다.

〈마르크스 Karl Marx〉

　　예수님의 교훈을 아편처럼 보는 것은 **얕은** 생각입니다.
　　예수님의 진리는 세상의 즐거움보다 더 깊은 기쁨입니다. 아
　　예수님의 진리는 아편보다 훨씬 더 근본적인 **기쁜** 복음입니다. 아

◉ 예수님의 사역은 억압에서 **해방**을 선포했다는 *사회적 견해가* 있습니다.
예수님은 눌리고 소외되고 억압당하는 자들의 **해방자**라는 것입니다.
예수님의 구원은 사회적 억압에서 **해방**되는 것이라고 믿는 것입니다.

〈해방신학 Liberation Theology〉

　　누가복음 4:18'19
　　주의 성령이 내게 임하셨으니 이는 가난한 자에게 **복음**을 전하게 하시
　　려고 내게 기름을 부으시고 나를 보내사 포로 된 자에게 **자유**를,

차세대 제자훈련: 문명 위에 성경

눈 먼 자에게 다시 보게 함을 전파하며 눌린 자를 **자유롭게** 하고, 주의 **은혜의 해**를 전파하게 하려 하심이라 하였더라 아

◉ 예수님의 사역은 사회적인 **안녕** 차원을 **넘어선** 것입니다. 아

예수님의 사역은 구원을 통한 **영적 해방**을 선포하신 것입니다. 아
예수님의 사역은 세상 가치의 포로에서 **자유**를 선포하신 것입니다. 아
예수님은 진리를 못 보는 자들에게 **진리**를 보게 하신 것입니다. 아

요한복음 8:32
.... 진리를 알지니 진리가 너희를 **자유롭게** 하리라 아

예수님의 진리는 진정한 **자유**와 **생명**을 주는 것입니다.
예수님께서는 인류에게 진정한 **자유**와 **생명**을 주시는 사역을 하셨습니다. 아

⑤ 〈과학〉 **육신의 활동과 영적 사역**

◉ 과학은 십자가의 보혈을 분석할 수는 있습니다.
그러나 과학은 **보혈의 능력**은 발견할 수 없습니다.
과학은 영적 지평에 대한 해석에는 **한계**가 있기 때문입니다.

예수님의 보혈은 **죄 사함**의 신비로운 능력이 있습니다. 아
예수님의 보혈을 믿는 자는 죄 사함을 받을 수 있습니다. 아

제9장 그리스도의 사역

보혈의 죄 사함의 능력은 **죄**에서 **자유**와 **생명**을 줍니다. 아
보혈의 능력은 오직 **믿음**으로 체험할 수 있습니다. 아

◉ 인간의 **죄**는 당연할 수 있다는 진화론의 도전이 있습니다.
침팬지는 **생존**을 위해서 사기와 기만을 수시로 한다는 것입니다.
인간도 **생존**을 위해서 수시로 죄를 짓고 있다는 것입니다.

진화론의 해석은 **죄**를 **정당화**할 수 있는 위험한 것입니다.
진화론의 해석은 법과 도덕의 **당위성**이 사라지게 할 수 있습니다.
진화론에서는 죄를 짓지 않으려는 것도 **생존 수단**이라는 것입니다.

인간을 침팬지와 **같은** 선상에서 해석하는 것은 **공정**하지 않습니다.

침팬지는 **죄의식**이라는 것이 없습니다.
침팬지에게는 사기와 기만이 당연한 **생존 수단**입니다.
침팬지에게는 **생존** 가치 외에는 다른 가치가 없기 때문입니다.

◉ 침팬지들도 경쟁과 다툼 속에서 **용서**의 감정이 있습니다.
원숭이들도 경쟁 속에서 **화해**의 감정이 있습니다.
침팬지들의 **화해**는 털 고르기나 손 내밀기 혹은 스킨십으로 이루어집니다.

〈프란스 드 발 Frans de Waal〉

그러나 침팬지의 감정은 **생존**을 위한 얇은 전략입니다.
침팬지의 감정은 몸의 **생존**을 위한 단순한 화해의 감정입니다.

차세대 제자훈련: 문명 위에 성경

공동체의 생존을 위한 단순한 용서의 감정입니다.

◉ 인간은 *罪를 犯하면서* 죄의식에 시달리고 있습니다.

인간의 **罪**는 이기적인 **욕망**에 의한 것이기 때문입니다.
인간은 이기적인 육성에 의한 **죄의식**을 쉽게 드러내지 못하고 있습니다.
인간의 이기적인 육성에 의한 **죄의식**은 **가식과 위선**을 만들고 있습니다.

> 창세기 3:8
> .... 아담과 그의 아내가 여호와 하나님의 낯을 피하여 동산 **나무** 사이
> 에 **숨은지라**

최초 인류는 하나님처럼 되려는 **욕망**으로 죄를 범했습니다.
최초 인류는 죄를 지은 후에 **숨어서** 변명하였습니다.
최초 인류가 행한 죄에 대한 변명은 **가식과 위선**의 시작이었습니다.

가식과 위선의 인간은 **자신**의 **죄**를 쉽게 드러내지 못합니다.
가식과 위선의 인간은 **사과**와 **용서**를 진실하게 하지 못합니다.
그래서 인간사회에는 **갈등**과 **싸움**이 끊이질 않고 있습니다.

◉ 인간은 **죄**와 **죄의식**을 스스로 해결하지 못하고 있습니다.
인간은 문명이 발달한 **현대**사회에서도 마찬가지입니다.

법은 죄에 대한 **응보**를 통해서 죄를 억제하는 정도입니다.

정신의학 치료는 죄를 **용서**하는 것이 아닙니다.
심리치료는 **죄의식**을 완화하는 정도입니다.
심리치료는 **죄**를 근본적으로 해결하는 것이 아닙니다.

　　　죄의 **용서**는 오직 십자가의 **보혈**로만 이루어지는 것입니다. 아
　　　죄에서 **자유**는 예수 그리스도만이 하실 수 있습니다. 아
　　　죄에서 **자유** 한 영혼은 **새로운** 존재가 될 수 있습니다. 아

　　　새로운 존재는 서로 잘못을 **고백**하고 **사과**할 수 있습니다. 아
　　　새로운 존재는 **용서**와 화해를 할 수 있습니다. 아
　　　새로운 존재는 때로는 **원수**까지 **사랑**할 수 있습니다. 아

〈틸리히 Paul Tillich〉

◉ 예수님께서는 **죄 사함**을 주시는 사역을 하셨습니다. 아
예수님께서는 **사랑**과 **화해**의 사역을 하셨습니다. 아
예수님께서는 죄인을 **새로운** 존재로 만드시는 사역을 하셨습니다. 아

　　　인류의 문명은 영원한 평화의 **왕**을 세우지 못하고 있습니다.
　　　예수님께서는 평화의 왕 되신 **주님**의 사역을 하셨습니다. 아
　　　예수님께서는 영원한 **하나님 나라**를 여시는 사역을 하셨습니다. 아

예수 그리스도는 **영원한 생명**과 **평화**를 주시는 관능의 **구세주**이십니다. 아

차세대 제자훈련: 문명 위에 성경

⑥ 〈신앙〉 **크리스천 신앙의 핵심**

우리는 예수 그리스도께서 **구원의 주님**이심을 믿습니다. 아

예수님께서 영원한 **하나님 나라**를 세우셨음을 믿습니다. 아

예수님께서 **죄**로 인한 **죽음**의 문제를 해결하셨음을 믿습니다. 아

예수님께서 구원을 위해 **십자가**에서 **보혈**을 흘리셨음을 믿습니다. 아

예수님의 **보혈**은 인류의 죄를 **대속**하시는 은혜임을 믿습니다. 아

예수님께서 인간과 하나님 사이의 **중보자**이심을 믿습니다. 아

예수 그리스도께서 인류의 영원한 왕이신 **주님**이심을 믿습니다. 아

1. 주님 찬양 **"실로암"** (어두운 밤에 캄캄한 밤에)을 감동적으로 부릅니다.
2. 크리스천 신앙을 생각하면서 **3분** 동안 **합심하여 간절히 기도**합니다.
3. **주기도문**으로 마친 후에 주 안에서 아름다운 **친교**를 합니다.

제 10 장   인간의 본성

Human

Human

10. 인간의 본성

① 〈질문〉 생물학은 **인간의 본성**을 찾을 수 있을까?

② 〈성경〉 인간의 본성과 **하나님 형상**

③ 〈신학〉 **몸 혼 영**의 한 인격체

④ 〈인문학〉 영원한 이데아와 인간의 **영혼**

⑤ 〈과학〉 생물의 **진화**와 인간의 **창조**

⑥ 〈신앙〉 크리스천 신앙의 **핵심**

① <질문> 생물학은 인간의 본성을 찾을 수 있을까?

◉ 생물학은 **유전자**를 통해서 인간 **본성**을 탐구하고 있습니다.
생물학은 유전자의 작용을 보고 인간을 **이기적**이라고 해석합니다.
유전자는 오직 **자신**의 **생존**을 위해서 단백질을 만들기 때문입니다.

　　유전자의 정보처리 과정에는 **선**하고 **악**한 성품이 없습니다.
　　유전자의 정보처리 현상에는 **도덕**이나 인격적 **성품**이 없습니다.
　　화학물질인 유전자의 작용에는 인간의 **본성**이라는 것이 없습니다.

　　생명과학의 인간 **본성**에 대한 해석에는 **한계**가 있습니다.
　　유전자의 활동과 인간의 **성품**은 거리가 있기 때문입니다.
　　세포의 움직임과 인간의 **성품**은 차원이 다르기 때문입니다.

◉ 인간은 영장류 중에 가장 우수한 **두뇌**를 갖고 있습니다.
인간의 우수한 두뇌에는 독특한 **자의식**과 상상력이 있습니다.
인간은 우수한 뇌로 만든 **문명**에 대해서 스스로 놀라고 있습니다.

　　놀라운 문명을 이룬 인간의 **본성**은 무엇인지 궁금한 일입니다.
　　두뇌가 탁월한 인간은 **왜 존재**하는지 궁금합니다.
　　인간 존재의 궁극적인 **목적**은 무엇인지 알고 싶습니다.

제10장 인간의 본성

② <성경> 인간의 본성과 하나님 형상

◉ 성경은 사람을 **하나님 형상**을 닮은 생령의 존재라고 증거하고 있습니다.
하나님께서는 사람을 **하나님 형상**을 닮은 생명으로 만드셨습니다.
하나님께서 **흙으로** 사람의 모양을 만드시고 **생기**를 넣으셨습니다.

창세기 2:7
여호와 하나님이 땅의 **흙으로** 사람을 지으시고 **생기**를 그 코에 불어넣
으시니 사람이 **생령**이 되니라 [아]

창세기 1:27
하나님이 자기 형상 곧 **하나님**의 **형상**대로 사람을 창조하시되 .... [아]

◉ 최초 인류는 **하나님**의 **형상**을 닮은 존재였습니다.
하나님의 형상을 닮은 것은 하나님과 **교제**할 수 있는 상태입니다.
하나님의 형상을 닮은 인간은 만물의 **영장**으로 세워졌습니다.

창세기 1:26
하나님이 이르시되 **우리의 형상**을 따라 우리의 모양대로 우리가 **사람**
을 만들고 그들로 바다의 물고기와 하늘의 새와 가축과 온 땅과 땅에
기는 모든 것을 **다스리게** 하자 하시고 [아]

◉ 하나님 형상을 가진 최초의 인류는 **영원히** 살 수 있었습니다.
하나님과 함께 영원한 **낙원**에서 아름답게 살 수 있었습니다.

차세대 제자훈련: 문명 위에 성경

그러나 최초의 인류는 하나님처럼 되려는 **교만**이 생겼습니다.
최초 인류는 교만으로 하나님의 계율을 어기는 **죄**를 범했습니다.
최초 인류는 **죄**로 인해서 하나님의 형상을 **상실**했습니다.

인간은 하나님 형상을 상실하면서 하나님과 **단절**되었습니다.
인간은 하나님과의 단절되면서 **자기중심적**으로 살게 되었습니다.
인간의 자기중심적인 삶은 최초 인류의 **원죄**에 의한 것입니다.

◉ 원죄는 모든 인류에게 유전되고 있습니다.
원죄는 인류에게 유전되어 **죄**를 범하게 하고 있습니다.
원죄로 인하여 죄를 범한 **영혼**은 하나님과 교제할 수 없습니다.

③ 〈신학〉 **몸 혼 영의 한 인격체**

◉ 인간은 **몸 혼 영**이 하나로 된 인격체로 구성되어 있습니다.

몸은 인간의 **육체**입니다.
혼은 인간의 **정신적**인 영역입니다.
영은 인간의 **영적**인 영역입니다.

인간의 **영혼**은 죄로 더럽혀진 상태에 있습니다.
하지만 더럽혀진 영혼은 **정결**해질 수 있습니다. 아
믿음으로 정결한 **하나님의 형상**을 회복할 수 있습니다. 아

◉ 하나님께서는 죄인 된 인류에게 먼저 **은혜**를 베푸셨습니다.
하나님을 알 수 있는 **지혜**의 은혜를 주셨습니다. 아

하나님을 향할 수 있는 **마음**의 은혜를 주셨습니다. 아

　　지혜의 은혜로 하나님을 알고 선악을 **구별**할 수 있습니다. 아

　　마음의 은혜로 하나님을 향하고 **선**을 행할 수 있습니다.

　　믿음의 은혜로 영혼을 정결하게 할 수 있습니다.

　　믿음은 몸과 혼과 영이 **전인격적**으로 작용하는 것입니다.

　　믿음은 감성 이성 영성이 **융합되어** 일어나는 것입니다.

　　믿음은 온 자아가 하나님을 **신뢰**하는 것입니다. 아

◉ 인간의 **마음**에는 하나님께서 창조하신 **자의식**이 있습니다.
자의식은 과거 현재 미래를 생각할 수 있는 **독특한** 능력입니다.
자의식은 인간이 **하나님을 향할** 수 있는 차원이 있습니다.

　　침팬지는 인간 수준의 **자의식**이 없습니다.

　　침팬지는 **먼 미래**를 생각하지 못합니다.

　　침팬지는 과거 잘못에 대한 **개선**이 매우 제한적입니다.

〈가자니가 Michael Gazzaniga〉

◉ 인간은 자의식으로 *과거의* 죄를 **회개**할 수 있습니다.
인간은 자의식으로 *현재* 자신의 상태를 **점검**할 수 있습니다.
인간은 자의식으로 *먼 미래의* **사후세계**와 하나님을 생각할 수 있습니다.

차세대 제자훈련: 문명 위에 성경

인간은 자의식으로 회개하고 하나님을 믿어야 할 **책임**이 있습니다.
인간은 잃어버린 **하나님 형상**을 회복해야 할 책임이 있습니다. [아]

⊙ 하나님을 믿는 자는 **자신**만을 위해 사는 것이 아닙니다.
하나님을 믿는 자는 하나님께 **경배**하고 이웃을 **돌보아야** 합니다. [아]
하나님을 믿는 자는 하나님을 **사랑**하고 이웃을 **사랑**해야 합니다. [아]

요한복음 13:35
너희가 서로 **사랑**하면 이로써 모든 사람이 너희가 **내 제자**인 줄 알리라 [아]

사랑의 실천으로 그리스도의 **제자**임을 나타내야 합니다. [아]
온전한 사랑의 실천으로 **하나님 형상**의 회복을 나타내야 합니다. [아]

④ 〈인문학〉 **영원한 이데아와 인간의 영혼**

⊙ 플라톤은 아이디어의 총체인 **이데아**에 근거해서 인간을 해석했습니다.
인간의 **영혼**은 영원한 이데아에서 온다는 것입니다.
인간의 영혼은 **이데아**에서 와서 태어나는 몸과 함께한다는 것입니다.

몸이 죽으면 영혼은 몸에서 나와 이데아로 **회귀**한다는 것입니다.
몸은 일시적으로 존재하다가 소멸한다고 믿었습니다.

〈플라톤 Plato〉

제10장 인간의 본성

그러나 인간의 **영혼**은 태어날 때 **창조**되는 것입니다. 아
한 번 창조된 영혼은 영원히 **불멸**하는 것입니다. 아

◉ 인간이란 영어로 **휴먼** human입니다.
휴먼의 어원은 후무스 *humus* 즉 **부식토**에서 유래한 것입니다.
영어의 휴먼은 성경의 **사람**과 유사한 면이 있습니다.

성경은 **사람**을 **흙으로** 만들었다고 증거하고 있습니다.
성경의 아담 Adam은 **사람**을 의미합니다.
성경에 있는 아담의 어원은 아다마 *adamah* 즉 **흙**입니다.

◉ 인간의 **몸**은 흙으로 만들어졌기 때문에 죽으면 **흙으로** 돌아가는 것입니다.

성경은 죽으면 영혼은 **잠자는** 상태가 된다고 전하고 있습니다.
잠자는 영혼은 주님 오실 때 깨어나 **부활**할 것입니다. 아
몸 혼 영이 하나로 된 **인격체로** 부활할 것입니다. 아

◉ 하나님께서 **세상**을 물질과 **정신**으로 만들었다는 견해가 있습니다.
하나님께서 **인간을 몸과 마음** 두 가지로 만들었다는 것입니다.
이러한 이원론 사상은 **현대**에까지 많은 영향을 주었습니다.

〈데카르트 Rene Descartes〉

그러나 성경은 인간을 **몸 혼 영**이 하나로 된 **인격체로** 증거하고 있습니다. 아

차세대 제자훈련: 문명 위에 성경

◉ 인간과 세상은 이와 기로 되어 있다고 유교의 성리학에서는 믿었습니다.
이와 기는 함께 있으면서 **서로 영향**을 준다는 것입니다.
이와 기로 구성된 인간은 죽으면 **자연으로** 돌아간다는 것입니다.

〈퇴계 退溪〉

인간과 세상은 기로만 되어 있다는 일원론 사상도 있습니다.
몸과 마음 혹은 기와 이는 **하나**라는 것입니다.
세상에는 기만 있는 것이고 이는 기의 원리라는 것입니다.

〈율곡 栗谷〉

자연의 **본질**만 세상에 있다고 스피노자는 믿었습니다.
자연의 본질은 곧 **신**이라는 것입니다.
인간은 자연에서 왔다가 **자연의 신**의 품으로 돌아간다는 것입니다.

〈스피노자 Spinoza〉

인간이 **자연**으로 돌아가면 그만이라는 것은 허무한 것입니다.

◉ 몸 혼 영으로 되어 있는 인간은 **남자**와 **여자**로 창조되었습니다.
하나님께서는 남자와 여자를 창조하시고 **복**을 주셨습니다. 아
하나님께서는 남자와 여자가 **생육**하고 **번성**하라고 하셨습니다.

창세기 5:2
남자와 여자를 창조하셨고 그들이 창조되던 날에 하나님이 그들에게
복을 주시고 그들의 이름을 **사람**이라 일컬으셨더라 아

제10장 인간의 본성

인류는 창조 이후에 현대에 이르기까지 놀랍게 **번성**했습니다.

◉ 남녀의 성별은 **사회적**으로 만들어졌다는 급진적인 견해가 있습니다.

남자와 여자의 차이는 매우 **미세**하다는 것입니다.
성차별의 원인은 남성이 사회적으로 **성별**을 만들었기 때문이라는 것입니다.
성차별은 사회적으로 잘못 만들어진 것이므로 **해체**해야 한다는 것입니다.

〈버틀러 Judith Butler〉

하나님께서는 남자와 여자를 **분리**해서 창조하셨습니다.
하나님께서는 남자와 여자를 기능적으로 **다르게** 창조하셨습니다.
그러나 남자와 여자의 영혼은 하나님 앞에 **평등**한 것입니다.

◉ 인간이 세상의 중심이라고 계몽주의는 생각했습니다.
인간은 세상의 중심으로 생각하고 인간중심 세상을 만들려고 했습니다.
그러나 인간이 세상의 중심이라는 것은 착각입니다.

생태의 조화에서 인간만이 세상의 **중심**일 수는 없습니다.
우주 조화에는 모든 것이 연결되어 있습니다.
세상의 조화에는 모든 것이 질서와 균형으로 되어 있습니다.

인간은 생태 시스템에서 만물의 **영장**으로 창조되었습니다.
인간은 만물의 영장이지만, 세상의 **중심**은 아닙니다.
세상의 중심은 모든 만물을 다스리시는 **하나님**이십니다. 아

◉ 인간이 세상의 중심이라는 사상은 최근에 해체되고 있습니다.
인간이 세상의 **중심**이 아니기 때문입니다.
인간을 포함한 자연의 **생태**는 조화롭게 작용하고 있기 때문입니다.

인간 중심 생각과 유사한 **이성 중심** 생각도 있습니다.
이성 중심 생각도 최근에 해체되고 있습니다.
세상의 모든 것이 **이성적**이고 **합리적**이지만은 않기 때문입니다.

이성 중심을 해체한 최근의 사상이 하나님을 찾는 것은 아닙니다.
최근의 사상이 **신앙**의 세계를 세우는 것도 아닙니다.
그러나 최근의 사상은 인간을 **겸손**하게 만드는 면이 있습니다.

인간은 경이로운 우주 만물 앞에 겸손할 수밖에 없습니다.

◉ 우주 만물 앞에 겸손한 인간은 세상에서 **특별한** 존재입니다. 아

인간은 하나님의 **뜻**을 알 수 있는 **지혜**가 *있습니다.* 아
인간은 **회개할** 수 있는 *자의식과* **영혼**이 *있습니다.* 아
인간은 하나님을 향할 수 있는 **마음**이 있습니다. 아

⑤ 〈과학〉 **생물의 진화와 인간의 창조**

◉ 진화론은 인간은 **미생물**에서 *우연히* 진화한 것으로 믿고 있습니다.

진화론은 물질 분자의 조합활동에서 미생물이 **우연히** 생겨났다는 것입니다.
진화론은 미생물에서 동물과 인간으로 우연히 **진화했**다는 것입니다.

진화론은 유전자의 정교한 작용을 **우연**이라고 합니다.
진화론은 우연히 존재하는 유전자 인간은 **목적**이 없다는 것입니다.
목적인 없는 인간은 유전자의 **생존 기계**에 불과하다는 것입니다.

〈도킨스 Richard Dawkins〉

그러나 인간은 **유전자**의 *생존 기계* 기능을 넘어선 존재입니다.
인간은 **유전자**의 기능을 넘어서 직관과 영감과 **창의성**이 있습니다.
인간은 **신앙**의 세계를 아는 **영혼**을 가지고 있습니다. 아

◉ 인간과 침팬지의 **유전자**는 98.4% 정도가 같습니다.
인간과 침팬지의 유전자는 1.6% 정도 **차이**가 있습니다.
이 작은 차이로 인간의 **월등함**을 설명하는 데에는 **한계**가 있습니다.

침팬지는 **문명**의 발달이 없습니다.
인류는 **거대한** 문명을 발달시켰습니다.
인류가 만든 거대한 문명은 **유전자**의 작은 차이를 넘어선 것입니다.

인간의 **뇌**와 **자의식**이 거대한 문명을 발달시킨 것입니다.
인간의 **지혜**와 **자의식**은 *하나님께서 특별하게* 주신 것입니다. 아

◉ 세상에는 새로운 생물들이 계속해서 **생성소멸** 하고 있습니다.

차세대 제자훈련: 문명 위에 성경

진화론은 새로운 생명체 탄생을 유전자의 **돌연변이**로 해석합니다.
그러나 **모든** 새로운 **생명체**가 돌연변이에 의한 것은 아닙니다.
새로운 생물의 탄생은 미생물의 **융합**에서 나오기도 합니다.

과학이 알 수 없는 수많은 생물이 **생성소멸**하고 있습니다.

자연에서 일어나는 생명체의 **생성소멸**은 신비롭습니다.
생명의 **정교한** 움직임과 생태 조화 현상은 경이롭습니다.
이러한 생명 현상을 **우연**으로만 추론하는 것은 **불가능합니다.**

생명 현상은 하나님의 **창조 질서의 경륜**이라는 사실입니다. 아

◉ 유전자가 **외계**에서 왔다는 주장이 있습니다.
지구로 날아온 외계의 **운석**에 유전자가 있다는 것입니다.
외계 유전자의 지구 유입은 진화론에 도전이 되고 있습니다.

진화론은 **왜 진화**가 일어나는지 알지 못하고 있습니다.
진화과정의 **원인**이 무엇인지 설명하지 못하고 있습니다.
진화과정은 **우연**이라고 추론하는 정도입니다.

생명체의 존재는 하나님의 **필연적**이고 경이로운 **창조** 현상입니다. 아

◉ 생물은 환경에 따라 부분적인 **변화**가 있습니다.
생물의 부분적인 **변화**는 창조 질서의 조화 현상입니다.

제10장 인간의 본성

생물의 탄생과 변화는 하나님의 창조 질서의 **경륜**이며 깊고도 넓은 것입니다.

진화론은 **인간**의 모든 것을 설명할 수 없습니다.
진화론은 인간의 신앙 세계와 **영혼**을 해석할 수 없습니다.

◉ 인간은 하나님께서 특별하게 **창조**하신 것입니다.

인간은 다른 유인원과 비교가 안 될 만큼 탁월하게 창조되었습니다.
인간은 지구촌을 만들면서 경이로운 문명을 만드는 탁월한 존재입니다.
인간은 자의식으로 사후세계와 영적 지평을 아는 독특한 존재입니다.

인간의 영혼은 영원한 세계를 알 수 있습니다. 아
인간의 영혼은 영원한 하나님을 알고 믿어야 할 *책임이 있습니다.* 아

⑥ 〈신앙〉 **크리스천 신앙의 핵심**

우리는 하나님께서 인간을 **창조**하셨음을 믿습니다. 아

인간은 **몸 혼 영**으로 되어 있는 **인격체**임을 믿습니다. 아

인간은 하나님을 믿을 수 있는 **영혼**이 있음을 믿습니다. 아

인간은 과거 현재 미래를 생각하는 **자의식**이 있음을 믿습니다. 아

인간은 죽음을 생각하고 **신앙**으로 대비할 수 있음을 믿습니다. 아

인간은 하나님을 믿어야 할 **책임**이 있음을 믿습니다. 아

인간은 **하나님**의 **형상**을 닮아갈 수 있는 존재임을 믿습니다. 아

1. 연약한 인간의 고백 찬송 "**나 아무것 없어도**"를 감동적으로 찬양합니다.
2. 크리스천 신앙을 생각하면서 **3분** 동안 **합심하여 간절히 기도**합니다.
3. **주기도문**으로 마친 후에 주 안에서 아름다운 **친교**를 합니다.

제 11 장   죄의 본질

Sin

Sin

11. 죄의 본질

① 〈질문〉 법은 **죄의 문제**를 잘 해결하고 있는가?

② 〈성경〉 하나님을 향하지 않는 **죄**

③ 〈신학〉 유전된 **원죄**와 개인의 **자범죄**

④ 〈인문학〉 **성악설**의 인성과 **원죄**

⑤ 〈과학〉 **이기적 유전자와 원죄**

⑥ 〈신앙〉 크리스천 신앙의 **핵심**

차세대 제자훈련: 문명 위에 성경

① <질문> 법은 죄의 문제를 잘 해결하고 있는가?

◉ 죄에 관한 것은 **법학**에서 상세하게 다루고 있습니다.
법학에서 죄란 사회질서와 공익의 **규범**을 어기는 것입니다.
법조인들은 사람들의 죄를 **규명**하고 **형벌**을 주고 있습니다.

　　검사는 법을 위반한 죄의 사실을 조사합니다.
　　판사는 죄의 사실을 확인하고 형벌을 내립니다.
　　변호사는 잘못된 형벌이 일어나지 않도록 변론합니다.

　　그러나 세상의 **법**은 **모든** 범죄를 관리하지 못하고 있습니다.
　　마음으로 범하는 증오 질투 시기는 **전혀** 다루지 못하고 있습니다.

◉ **시민법**은 사회에서 죄를 다스리기 위한 법입니다.
자연법은 자연의 순리와 질서의 법칙입니다.
영원한 법은 영원히 변하지 않는 법입니다.

　　하나님의 법은 모든 죄를 다스리는 숭고한 법입니다. 아

〈아퀴나스 Aquinas〉

　　하나님의 법은 죄 된 **행위**와 죄 된 **마음**을 다룰 수 있는 법입니다.
　　하나님의 법은 **성경**에 구체적으로 기록되어 있습니다.

제11장 죄의 본질

하나님의 법은 **자연** 현상에도 내재 되어 있습니다.
하나님의 법은 인간의 **양심**에도 있습니다.

② 〈성경〉 **하나님을 향하지 않는 죄**

◉ 하나님의 법의 제일은 하나님을 **경배**하는 것입니다. ⓐ
하나님의 법은 인간이 하나님을 온전히 **사랑**하는 것입니다. ⓐ
하나님의 법은 아웃을 **사랑**하는 것입니다. ⓐ

마태복음 22:37-40
예수께서 이르시되 네 마음을 다하고 목숨을 다하고 뜻을 다하여 주 너의 **하나님을 사랑**하라 하셨으니 이것이 크고 첫째 되는 계명이요

둘째도 그와 같으니 네 **아웃**을 네 자신 같이 **사랑**하라 하셨으니 이 두 계명이 온 율법과 선지자의 강령이니라 ⓐ

◉ 죄란 하나님을 사랑하지 않고 이기적 **육성**을 따라 사는 것입니다.
이기적인 **육성**은 성경의 사르크스 *sarx* 즉 **육신**입니다.
이기적인 **육성**을 따라 살면 하나님을 기쁘시게 할 수 없습니다. ⓐ

로마서 8:8
육신에 있는 자들은 하나님을 기쁘시게 할 수 없느니라 ⓐ

차세대 제자훈련: 문명 위에 성경

이기적인 **육성**의 생각은 하나님을 떠나서 죽음으로 인도합니다. 아
하나님을 향한 영적인 생각은 **생명**과 평안으로 인도합니다. 아

로마서 8:6
육신의 생각은 사망이요 **영**의 생각은 생명과 평안이니라 아

하나님을 사랑하지 않는 것은 이기적인 **교만** 때문입니다.
이웃을 사랑하지 않는 이유는 이기적인 **육성** 때문입니다.

③ 〈신학〉 **유전된 원죄와 개인의 자범죄**

◉ 죄에는 **원죄, 자범죄, 비의도적인** 죄가 있습니다.

원죄는 최초의 인류가 하나님의 뜻을 **거역**한 죄입니다.
원죄는 인류와 하나님과의 **단절**을 만들었습니다.
원죄는 모든 인류를 **사망**에 이르게 되었습니다.

로마서 5:12
그러므로 **한 사람**으로 말미암아 **죄**가 세상에 들어오고 죄로 말미암아
사망이 들어왔나니 이와 같이 **모든 사람**이 죄를 지었으므로 **사망**이 모
든 사람에게 이르렀느니라 아

원죄와 사망은 **육신**을 가진 모든 인류에게 유전되고 있습니다.

제11장 죄의 본질

유전된 원죄는 인간의 **본성**이 되었습니다.
유전된 원죄는 인간이 전적으로 **부패한** 상태입니다.
유전된 부패성은 육신의 **이기적인 육성**입니다.

〈노블 Thomas Noble〉

◉ 유전된 부패성은 다양한 **자범죄**를 범하게 합니다.

유전된 부패성은 **이기적인** 죄를 범하게 합니다.
유전된 부패성은 하나님과 단절된 **자기중심**의 죄를 짓게 합니다.
유전된 부패성은 빛을 멀리하고 **이기적인** 욕망으로 **죄**를 짓게 합니다.

자범죄는 원죄로 인해서 범하는 **개인적인 죄**입니다.
자범죄는 **개인**이 의도적으로 범하는 죄입니다.
자범죄는 알려진 하나님의 법을 **의도적**으로 거역하는 것입니다.

〈웨슬리 John Wesley〉

◉ 성경의 **죄** 개념에는 하마르티아 *hamartia*가 있습니다.
하마르티아는 화살이 과녁을 **빗나간다**는 뜻입니다.
하나님을 향하지 않고 **다른** 방향으로 가는 것이 죄입니다. 아

성경의 **죄** 개념에는 아노미아 *anomia*가 있습니다.
아노미아는 **법**을 지키지 않는 것을 의미합니다.
인간이 **하나님의 법**을 지키지 않는 것이 **불법**의 죄입니다. 아

차세대 제자훈련: 문명 위에 성경

성경의 **죄** 개념에는 아디키아 *adikia*가 있습니다.
아디키아는 **의로움**이 없는 것을 의미합니다.
인간이 **하나님**의 **의**를 따르지 않는 **불의**가 죄입니다. 아

◉ 죄의 결과는 결국 **죽음**으로 인도합니다.
인간이 죽는 이유는 **죄**로 인한 것입니다. 아

야고보서 1:15
욕심이 잉태한즉 죄를 낳고 **죄**가 장성한즉 **사망**을 낳느니라 아

로마서 6:23
죄의 삯은 **사망**이요 하나님의 **은사**는 그리스도 예수 우리 주 안에 있
는 **영생**이니라 아

죄의 결과인 **사망**에서 **영생**을 얻는 것은 하나님 **은혜**입니다. 아

◉ 죄에는 **비의도적인 죄**가 있습니다.

비의도적인 죄는 *자신이 의도하지 않은 죄로서* **실수**입니다.
비의도적인 죄는 **실수**이기 때문에 하나님께서 용서하십니다.
비의도적인 죄를 차후에 알았다면 바로 **용서**를 구해야 합니다. 아

비의도적인 죄도 **용서**받아야 하며 점차 줄여가야 합니다. 아

〈웨슬리 John Wesley〉

제11장 죄의 본질

④ 〈인문학〉 **성악설의 인성과 원죄**

◉ 죄는 인간의 **본성**과 밀접한 관계가 있습니다.
　인간의 **본성**에 관한 해석에는 세 가지 부류가 있습니다.

　　　인간의 본성이 **선**하다는 **성선설**이 있습니다.
　　　인간의 본성이 **악**하다는 **성악설**이 있습니다.
　　　인간이 선하지도 악하지도 않다는 **중간설**이 있습니다.

　　　맹자는 **성선설**을 주장했습니다.
　　　인간의 본성은 원래 **어질고** 선하다는 것입니다.
　　　인간은 *잘못된 사회구조 때문에* 죄를 짓는다는 것입니다.

〈맹자 孟子〉

◉ 순자는 **성악설**을 주장했습니다.
인간은 어진 성품보다 **기질**이 강해서 **악한** 행동을 한다는 것입니다.
인간은 **기질** 때문에 죄를 범한다는 것입니다.

〈순자 荀子〉

　　　성악설의 인간 본성은 **원죄**와 유사한 면이 있습니다.
　　　성악설의 악한 기질은 **원죄**와 같은 것이 아닙니다.
　　　원죄는 유전된 **부패성**이며 이기적인 **육성**입니다. 해

◉ 근대 사상에는 인간이 자연 상태에서는 **선**하다는 견해가 있습니다.

자연 상태로 내버려 두면 평화롭게 **잘** 산다는 것입니다.

〈루소 Jean J. Rousseau〉

반면에 인간은 자연 상태에서는 **악**하다는 주장도 있습니다.
자연 상태로 내버려 두면 서로 반목하고 **투쟁**한다는 것입니다.

〈홉스 THomas Hobbes〉

서로 반목하고 투쟁하는 것은 이기적 **육성** 때문입니다. 아
이기적 **육성**이 과잉경쟁을 만들고 투쟁을 일으키는 원인입니다. 아

◉ **조화**의 **결핍**이 악이라는 견해가 있습니다.
조화를 이루지 못하는 것이 **악**이라는 것입니다.
사람 사이의 **부조화**에서 죄가 나온다고 보는 것입니다.

〈아리스토텔레스 Aristotle〉

원죄는 조화의 결핍과 **다른** 것입니다.
원죄는 인간이 갖고 태어나는 유전된 **부패성**입니다. 아

◉ **선**의 **부재**가 악이라는 해석이 있습니다.
하나님께서 만드신 모든 것은 **선**하다는 것입니다.
선한 창조 질서에서 부분적으로 **선의 부재**가 **악**이 된다는 것입니다.

〈어거스틴 Augustine〉

◉ **제한성**이 악이라는 시각이 있습니다.

제11장 죄의 본질

시간과 공간의 제한성이 **악**이 된다는 것입니다.
제한성이 없으면 악은 **사라진다**고 보는 것입니다.

〈데카르트 René Descartes〉

생각의 제한성이 없으면 **오해**는 사라질 것입니다.
행동의 제한성이 없으면 **실수**는 없어질 것입니다.
판단의 제한성이 없으면 **오류**는 사라질 것입니다.

그러나 **제한성**을 원죄라고 부르지는 않습니다.
제한성은 원죄가 아니라 사물과 인간의 제한된 **상태**입니다.

◉ 돈이 **죄**를 짓게 하며 **악**의 **뿌리**라고 생각하는 사람이 있습니다.
그러나 돈은 **죄**를 짓게 하는 것이 아닙니다.
돈을 **사랑**하고 **탐하는 마음**이 죄를 짓게 하는 것입니다.

돈은 가치 교환의 **수단**으로써 좋은 것입니다.
그러나 **수단**인 돈을 **사랑**하고 **탐하면** 근심이 생기고 해롭게 됩니다.
목적이 아닌 **수단**을 사랑하고 **탐하는** 것이기 때문입니다.

디모데전서 6:10
돈을 **사랑함**이 일만 악의 뿌리가 되나니 이것을 **탐하는** 자들은 미혹을
받아 믿음에서 떠나 많은 **근심**으로써 자기를 찔렀도다. 아

◉ 모든 인간은 **걱정과 근심** 속에서 **불안**하게 살아가고 있습니다.

차세대 제자훈련: 문명 위에 성경

인간의 불안은 **우울**해지면서 **절망**하고 죽음을 생각하게 합니다.
절망에서 벗어날 수 있는 길은 **하나님**을 만나는 것뿐입니다. 아

〈키에르케고르 Søren A. Kierkegaard〉

　　걱정, 불안, 우울은 **죄**는 아닙니다.
　　그러나 마음에 고통을 주고 **자살**을 생각하게 하는 **위험한** 것입니다.
　　하나님을 믿고 **삶**의 **의미**를 찾으면 불안과 걱정은 사라집니다. 아

◉ 기독교는 **죄의식**을 만들어서 신자들을 *옥죄고 있다*는 도전이 있습니다.
기독교는 인간을 **종교**의 노예와 도덕의 하수인으로 만든다는 것입니다.

〈니체 Friedrich W. Nietzsche〉

　　그러나 **죄의식**은 인위적으로 만들어질 수 있는 것이 아닙니다.
　　죄의식은 죄를 자은 사람의 마음에서 필연적으로 일어나는 것입니다.

　　크리스천은 **도덕**의 **노예**가 아니라 **선한** 도덕의 주인입니다.
　　크리스천은 선한 **진리**에 거하면서 진정한 **자유**를 갖기 때문입니다. 아

⑤ 〈과학〉 **이기적 유전자와 원죄**

◉ 과학도 인간의 **본성**과 **죄**에 관해서 연구합니다.
과학은 인간의 **유전자** 활동을 분석하고 인간의 본성을 해석합니다.
과학은 신경 전달물질의 변화를 보고 인간의 난폭한 행동을 해석합니다.

제11장 죄의 본질

생물학에서는 유전자를 **이기적**이라고 해석합니다.
유전자는 **생존**을 위해서 *수단과 방법*을 가리지 않기 때문입니다.
유전자는 자신의 생존을 최고의 **가치**로 삼고 행동합니다.

⊙ 인간이 **이타적**인 행동을 하는 경우가 있습니다.
이타적인 행동도 **이기적**인 행동에 속한다는 것입니다.
이타적인 행동도 결국에는 **자신**을 위한 것이라고 보는 것입니다.

이기적 유전자는 성경의 **원죄**와 유사한 면이 있습니다.
이기적인 **육성**이 원죄이기 때문입니다.
그러나 이기적 유전자는 **원죄**와 같은 것이 아닙니다.

원죄는 생존 차원을 넘어서 터무니없는 **죄**를 범하게 합니다. 아

⊙ 인간은 유전자의 **대리인**이라는 것입니다.
인간은 유전자가 **시키는** 대로 한다는 것입니다.
유전자 기계인 인간은 유전자의 **생존만**을 위해 있다는 것입니다.

〈도킨스 Richard Dawkins〉

유전자를 통한 인간 본성의 해석에는 논리적 **비약**이 있습니다.
유전자와 인간의 **본성**은 차이가 있기 때문입니다.
인간의 **본성**은 유전자의 기능을 넘어선 것입니다.

아버지와 아들은 유전자는 같지만, **자능**과 **성품**이 다릅니다.

차세대 제자훈련: 문명 위에 성경

유전자 기능과 인간의 본성은 차원이 다른 것입니다.

◉ 인간 행동은 **신경**전달 물질의 변화에 따라 달라질 수 있습니다.
인간의 즐거운 행동은 **기쁠** 때 분비되는 호르몬에 의해서 일어납니다.
인간의 난폭한 행동은 **위기** 때 분비되는 호르몬에 의해서 일어납니다.

호르몬의 작용은 육체의 **생존 현상**입니다.
호르몬 작용이 인간의 **본성**을 나타내는 것은 아닙니다.
호르몬 작용은 **창조 질서**의 생명 유지 현상입니다.

◉ 유전된 부패성인 **원죄**는 인간에게만 있는 것입니다. 아

인간은 다른 영장류보다 **화내기**와 **다투기**를 잘합니다.
인간은 침팬지보다 **깊은 죄**를 범하고 있습니다.
인간은 침팬지보다 훨씬 **심한** 시기와 **복잡한** 질투를 합니다.

인간은 **다단계**의 횡포와 **무자비한** 전쟁과 테러를 합니다.

◉ 인간사회에는 잔인한 **살인**과 참혹한 **전쟁**이 계속되고 있습니다.
인간사회에는 폭력, 불의, 횡포, 사기, 착취, 모함이 **계속**되고 있습니다.
문명이 발달해도 인간의 부패한 본성은 **변한** 것이 아니기 때문입니다.

*죄의 문제*는 인류가 해결해야 할 최대의 **과제**입니다.
미래사회에서는 죄를 더욱 **은밀하게** 범할 수 있습니다.

제11장 죄의 본질

과학기술문명 사회에서 죄의 결과는 더욱 **치명적**일 수 있습니다.

◉ 과학은 디지털 **감시기** 발달을 통해서 범죄 없는 사회를 기대하고 있습니다.
그러나 **디지털 문명**으로 *죄의 문제 해결*은 불가능합니다.
디지털 감시기를 만드는 사람도 이기적 **육성**이 있기 때문입니다.

디지털 감시기를 이기적으로 **악용**하는 사람들이 있습니다.
죄와 이기적 **육성**에 대한 **과학적** 해결에는 한계가 있습니다.

죄는 생명과학의 유전자 치료로 해결할 수 있는 것이 아닙니다.
죄는 유전자 프로그램을 재설정해서 해결할 수 있는 것이 아닙니다.
죄는 심리치료를 통해서 해결할 수 있는 것도 아닙니다.

◉ 죄 문제의 해결은 신앙을 통한 **영적 지평**에서 일어나는 것입니다. 아
죄의 문제는 예수 그리스도를 **믿음**으로 *해결될 수 있는 것입니다.* 아

요한복음 1:29
.... 보라 **세상 죄**를 지고 가는 하나님의 **어린 양**이로다 아

우리 주 *예수 그리스도께서* **세상 죄**를 지고 가십니다. 아
우리 주 **예수 그리스도**만이 *죄의 문제*를 해결하실 수 있습니다. 아

⑥ 〈신앙〉 **크리스천 신앙의 핵심**

우리는 창조주 하나님을 **믿지 않는 것**이 죄임을 믿습니다. 아

성경의 **하나님**의 **법**을 따르지 않는 것이 죄임을 믿습니다. 아

인류는 유전된 **부패성**을 갖고 태어남을 믿습니다. 아

유전된 부패성은 **최초 인류**의 **원죄**로 인한 것임을 믿습니다. 아

유전된 부패성이 이기적인 **자범죄**를 범하게 함을 믿습니다. 아

인간은 **죄**로 말미암아 숙명적으로 **죽을** 수밖에 없음을 믿습니다. 아

죄 문제의 해결은 예수님을 **믿음**으로만 가능한 것을 믿습니다. 아

1. 회개의 찬송 **"주여 우리의 죄를"**을 감동적으로 부릅니다.
2. 크리스천 신앙을 생각하면서 **3분** 동안 **합심**하여 **간절히 기도**합니다.
3. **주기도문**으로 마친 후에 주 안에서 아름다운 **친교**를 합니다.

제11장 죄의 본질

제 12 장   구원의 은혜

Salvation

Salvation

12. 구원의 은혜

① 〈질문〉 생명과학은 **영생**으로 안내할 수 있을까?

② 〈성경〉 믿는 자의 **영원한 생명**

③ 〈신학〉 **칭의** 은혜와 **중생**

④ 〈인문학〉 도덕적 감화와 생명의 **구원**

⑤ 〈과학〉 생명 연장과 **영원한 생명**

⑥ 〈신앙〉 크리스천 신앙의 **핵심**

① <질문> 생명과학은 영생으로 안내할 수 있을까?

◉ 인류는 **죽음**이 없는 영원한 삶을 갈망해 왔습니다.
인류 역사 속에서 수많은 사람이 **영생**하려고 노력했습니다.
그러나 영생을 위해 노력했던 과거의 **모든** 사람은 죽었습니다.

　　　　첨단 생명과학은 죽음을 넘어서는 **인간-신**을 꿈꾸고 있습니다.
　　　　인간-신이란 인간이 장기간 **생명 연장**을 스스로 하는 것입니다.
　　　　그러나 생명과학이 죽음을 **극복**할 것으로 믿는 사람은 없습니다.

　　　　노화와 죽음의 원인은 **아직** 명료하게 밝혀지지 않고 있습니다.
　　　　죽음의 원인을 알면 그 **원인**을 해결하여 죽음을 극복할 것입니다.
　　　　인류는 아직 **죽음을** 극복하지 못했습니다.

◉ 성경은 인류 **죽음의 원인**은 죄의 결과라고 증거하고 있습니다. 아
하나님을 거역하고 범하는 죄가 **사망**에 이르게 한다는 사실입니다. 아
사망에 이르게 하는 죄를 해결하는 것이 **구원**입니다. 아

　　　　첨단 과학에는 **죄**의 해결책이나 **구원**의 아이디어가 보이지 않습니다.
　　　　행동과학은 인류의 **죄** 된 **행동**을 멈추게 하지 못하고 있습니다.
　　　　법은 **죄**를 근절하지 못하고 있습니다.

　　　　　　　　　　　　　　　　　　　　　　제11장 죄의 본질

⊙ 성경은 치명적인 **죄**의 **결과**에 대한 해결책을 전하고 있습니다. 아
성경은 죽음의 원인인 **죄** 문제의 해결과 구원을 증거하고 있습니다. 아
성경은 예수 그리스도의 **죄 사함**과 **생명**의 길을 전하고 있습니다. 아

② 〈성경〉 **믿는 자의 영원한 생명**

⊙ 죄 사함과 구원은 인류를 향한 하나님의 **사랑**에서 시작됩니다. 아
죄 사함과 구원은 하나님 **은혜**의 역사로 일어나는 것입니다. 아
죄 사함과 구원은 예수 그리스도의 신비로운 **능력**으로 일어나는 것입니다. 아

> 요한복음 3:16
> 하나님이 세상을 이처럼 **사랑**하사 독생자를 주셨으니 이는 그를 **믿는**
> 자마다 멸망하지 않고 **영생**을 얻게 하려 하심이라 아

> 요한복음 1:12
> 영접하는 자 곧 그 이름을 **믿는** 자들에게는 하나님의 **자녀**가 되는 권
> 세를 주셨으니 아

⊙ 하나님께서는 인류에게 **구원**의 주 예수 그리스도를 보내주셨습니다. 아
예수님을 영접하고 믿는 자에게 멸망하지 않고 **영생**을 얻게 하셨습니다. 아
예수님을 믿는 자에게 하나님의 **자녀**가 되는 권세를 주셨습니다. 아

갈라디아서 3:26
너희가 다 **믿음**으로 말미암아 그리스도 예수 안에서 하나님의 **아들**이
되었으니 [아]

◉ 구원을 향한 인간의 **책임**은 먼저 자신의 죄를 **회개**하는 것입니다. [아]
회개란 성경 희랍어로 메타노이아 *metanoia* 입니다.
메타노이아는 가던 길에서 **돌이킨다**는 뜻입니다.

회개는 하나님을 향해 **돌이키는** 것입니다. [아]
회개는 자기중심적인 삶에서 하나님 중심으로 **돌이키는** 것입니다. [아]
회개는 이기적인 죄를 하나님께 **자복**하는 것입니다. [아]

마태복음 3:2
회개하라 천국이 가까이 왔느니라 하였으니 [아]

마가복음 6:12
제자들이 나가서 **회개하라** 전파하고 [아]

세례요한은 광야에서 **회개**에 관한 메시지를 외쳤습니다.
제자들은 **회개**를 담대하게 전파했습니다.
예수님께서는 **회개**와 **하나님 나라**를 선포하셨습니다.

◉ 예수님께서 세상에 오신 것은 죄인을 **회개**시키기 위한 것입니다. [아]
예수님의 오심은 죄를 **회개**하고 믿는 자에게 **영생**을 주기 위한 것입니다. [아]

제12장 구원의 은혜

예수님을 통해서 죄를 **회개**하고 **영생**을 얻는 것은 인류의 최대 **축복**입니다. 아

누가복음 5:32
내가 의인을 부르러 온 것이 아니요 죄인을 불러 **회개**시키러 왔노라

◉ 하나님은 한 사람이 **회개**하는 것에 깊은 관심을 가지고 계십니다.
하나님은 하찮은 *한 사람이라도* 하나님께로 **돌아오면** 한없이 기뻐하십니다.
하나님께서는 한 **생명**을 천하보다도 귀하게 여기십니다. 아

누가복음 15:7
내가 너희에게 이르노니 이와 같이 죄인 한 사람이 **회개**하면 하늘에서
는 회개할 것 없는 의인 아흔아홉으로 말미암아 기뻐하는 것보다 더하
리라 아

③ 〈신학〉 **칭의 은혜와 중생**

◉ 죄를 **회개**한 사람은 죄의 **용서**를 받게 됩니다. 아
죄의 **용서**는 예수님의 보혈을 **믿음**으로 이루어지는 것입니다. 아
죄의 **용서**는 인류의 죄를 **대신**해서 흘리신 보혈을 믿음으로 얻는 것입니다. 아

에베소서 1:7
우리는 그리스도 안에서 그의 **은혜**의 풍성함을 따라 그의 **피**로 말미암
아 속량 곧 **죄 사함**을 받았느니라 아

차세대 제자훈련: 문명 위에 성경

이사야 1:18

여호와께서 말씀하시되 오라 우리가 서로 변론하자 너희의 죄가 주홍 같을지라도 눈과 같이 **희어질** 것이요 진홍 같이 붉을지라도 양털 같이 **희게** 되리라 아

예수님의 **피 흘림**이 없이는 죄 사함이 없습니다. 아
예수님의 **보혈**은 신비로운 죄 사함의 능력이 있습니다. 아
예수님의 **보혈**의 능력은 하나님의 **은혜**입니다. 아

◉ 죄 사함을 받은 자는 **의롭다** 칭함을 얻게 됩니다. 아
의롭다 칭함을 얻는 **칭의**는 **믿음**에 의해서 일어나는 것입니다. 아
믿음으로 의롭다 칭함을 얻는 것은 하나님의 **은혜**입니다. 아

〈루터 Martin Luther〉

로마서 5:9

그러면 이제 우리가 그의 **피**로 말미암아 **의롭다** 하심을 받았으니 더욱 그로 말미암아 진노하심에서 구원을 받을 것이니 아

로마서 1:17

복음에는 하나님의 **의**가 나타나서 **믿음**으로 **믿음**에 이르게 하나니 기록된 바 오직 **의인**은 **믿음**으로 말미암아 살리라 함과 같으니라 아

◉ **믿음**으로 말미암아 의롭게 되는 것이 **구원**입니다. 아
구원에 이르게 하는 **믿음**은 하나님께서 주시는 **선물**입니다. 아

제12장 구원의 은혜

믿음은 회개한 자에게 주시는 하나님의 **은혜**입니다. 아

에베소서 2:8
너희는 그 **은혜**에 의하여 **믿음**으로 말미암아 구원을 받았으니 이것은
너희에게서 난 것이 아니요 하나님의 **선물**이라 아

◉ 의롭다 칭함을 얻은 자는 *그리스도의 사람* 즉 **크리스천**입니다. 아
의롭다 칭함을 받은 크리스천은 **하나님 나라**의 백성입니다. 아

갈라디아서 3:29
너희가 그리스도의 것이면 곧 아브라함의 **자손**이요 약속대로 **유업**을
이을 자니라 아

◉ 칭의의 은혜를 받은 자는 **중생**한 것입니다. 아
칭의로 중생한 자는 하나님의 **자녀**가 된 것입니다. 아
하나님의 자녀가 된 사람은 하나님과 **화해**가 일어난 것입니다. 아

골로새서 1:20
그의 십자가의 피로 **화평**을 이루사 만물 곧 땅에 있는 것들이나 하늘
에 있는 것들이 그로 말미암아 자기와 **화목**하게 되기를 기뻐하심이라

칭의를 받은 사람은 하나님과 **화목**이 이루어진 것입니다. 아
칭의 된 자는 하나님 앞에 인간의 죄의 벽이 **무너졌기** 때문입니다. 아

◉ 칭의는 그리스도의 형상을 닮아가는 **성화**의 시작입니다. 아
칭의는 은혜로 **죄** 사함을 받은 것이기 때문입니다.
칭의로 시작된 성화는 계속해서 **점진적인** 성화로 이어집니다.

〈칼빈 John Calvin〉

칭의의 은혜는 그리스도의 **의**가 신자 안에 **부여**되는 것입니다.
칭의에 의한 중생은 그리스도의 **생명**이 신자 안에 **들어온** 것입니다.
칭의는 중생의 문을 통과한 **영생**의 시작입니다. 아

〈웨슬리 John Wesley〉

마태복음 22:14
◉ 청함을 받은 자는 많되 **택함**을 입은 자는 적으니라 아

믿음으로 중생한 사람은 하나님의 **택함**을 받은 사람입니다. 아
중생한 사람은 **택함**을 받은 **하나님 나라**의 백성입니다. 아
중생한 사람은 하나님의 주권적 **사랑** 안에 거하게 됩니다. 아

〈칼빈 John Calvin 웨슬리 John Wesley〉

중생 후에도 신앙의 경건 생활을 **계속해야** 합니다.
계속되는 신앙생활에서 **점진적** 성화가 일어납니다.
믿음이 장성한 분량의 **온전한** 크리스천으로 성장하게 됩니다. 아

〈웨슬리 John Wesley〉

제12장 구원의 은혜

에베소서 4:13
우리가 다 하나님의 아들을 믿는 것과 아는 일에 하나가 되어 **온전한** 사람을 이루어 그리스도의 **장성한 분량**이 충만한 데까지 이르리니 ㉙

데살로니가전서 5:23
평강의 하나님이 친히 너희로 **온전히** 거룩하게 하시고 또 너희 온 영과 혼과 몸이 우리 주 예수 그리스도 강림하실 때에 **흠없게** 보전되기를 원하노라 ㉙

◉ 온전한 크리스천은 마음이 순수하고 **사랑**이 넘치는 사람입니다. ㉙
온전한 크리스천은 성령 충만하여 **경건**하고 **의로운** 사람입니다. ㉙
온전한 크리스천은 하나님의 **형상**을 회복한 사람입니다. ㉙

마태복음 5:48
그러므로 하늘에 계신 너희 아버지의 온전하심과 같이 너희도 **온전하라** ㉙

온전한 크리스천은 영혼이 잘되며 **범사**가 잘되는 사람입니다. ㉙
온전한 크리스천은 힘겨운 도전을 이기는 **승리**의 사람입니다. ㉙
온전한 크리스천은 믿음으로 **강하고 담대한** 사람입니다.

요한3서 1:2
사랑하는 자여 네 영혼이 잘됨 같이 네가 **범사**에 잘되고 **강건**하기를 내가 간구하노라 ㉙

차세대 제자훈련: 문명 위에 성경

여호수아 1:6

강하고 **담대하라** 너는 내가 그들의 조상에게 맹세하여 그들에게 주리라 한 땅을 이 백성에게 차지하게 하리라 [아]

마가복음 9:23

예수께서 이르시되 할 수 있거든이 무슨 말이냐 믿는 자에게는 **능치 못할** 일이 없느니라 하시니 [아]

④ 〈인문학〉 **도덕적 감화와 생명의 구원**

◉ 예수님을 **모방하면** 구원을 받는다고 오해하는 사람이 있습니다.

예수님은 **본받아야** 할 경건한 **모델**이라는 것입니다.
예수님을 모델로 삼고 따르면 **고상한** 사람이 된다는 것입니다.
예수님을 **모방**하기만 하면 구원에 이른다는 것입니다.

〈모델론 Modelism〉

구원은 예수님을 **모방**하는 것보다 **먼저** 필요한 것이 있습니다.
구원은 **먼저** 예수님을 구주로 영접하고 **믿어야** 가능한 것입니다. [아]

◉ 구원은 예수님의 도덕적 **감화**로 일어난다고 믿는 사람이 있습니다.
예수님처럼 도덕을 실천하면 예수님의 **도덕적** 감화를 받는다는 것입니다.

제12장 구원의 은혜

예수님의 **도덕적 감화**를 받으면 구원을 얻는다는 것입니다.

〈도덕 감화설 Moral Influence Theory〉

구원은 예수님의 **도덕적** 감화로 일어나는 것이 아닙니다.
구원은 십자가의 **보혈**을 믿고 *죄 사함을 받아야* 가능한 것입니다. 아

◉ 십자가의 보혈이 죄인의 **형벌만**을 대신한다는 견해가 있습니다.
십자가의 고난이 죄인의 형벌을 대신함으로 주님께서 **만족**하셨다는 것입니다.

〈안셀름 Anselm〉

예수님의 보혈은 죄인의 **형벌만**을 대신하는 것이 아닙니다.
예수님의 보혈은 **형벌**과 함께 **죄**를 **대속**하신 것입니다. 아

이사야 53:5
그가 찔림은 우리의 **허물** 때문이요 그가 상함은 우리의 **죄악** 때문이라
그가 징계를 받으므로 우리는 평화를 누리고 그가 채찍에 맞으므로 우
리는 **나음**을 받았도다 아

에베소서 1:7
우리는 그리스도 안에서 그의 **은혜**의 풍성함을 따라 그의 **피**로 말미암
아 속량 곧 **죄 사함**을 받았느니라 아

◉ 세상의 많은 사람이 **죄 문제**의 해결에 깊은 관심을 보이고 있습니다.

차세대 제자훈련: 문명 위에 성경

세상은 **법**과 **제도**로 죄 문제를 해결하려고 노력하고 있습니다.
법은 "눈에는 눈" "이에는 이"의 **응보 원리**를 사용하고 있습니다.
*응보 원리의 법*은 강제로 죄를 **억제**하는 기능을 하는 것입니다.

세상의 법은 죄를 **억제**하는 것이지 죄를 해결한 것은 아닙니다.
세상의 법은 죄인 마음의 **죄책감**은 해결하지 못하고 있습니다.
세상의 법은 이기적 **육성**이 있는 인간의 **본성**을 해결하지 못합니다.

◉ 유교에서는 **어진** 마음을 갖는 수련을 하고 있습니다.
유교에서는 마음속의 인욕을 **버리고** 천리를 따르는 훈련을 합니다.
유교에서는 천리와 하나가 되는 **고상한** 원리를 가르치고 있습니다.

불교에서는 자아의 **욕망**을 바우는 훈련을 합니다.
불교에서는 괴로움은 세상에 대한 **집착과 욕망**에서 온다는 것입니다.
불교에서는 이기적인 자아의 욕심에서 **번민**이 생긴다는 것입니다.

불교는 자아를 온전히 **비우면** 괴로움이 사라지는 것을 가르칩니다.
불교는 **무소유**가 번민에서 해방을 안겨준다는 것을 가르칩니다.
불교는 자아를 비우면 **무아**의 고요한 상태가 되는 것을 가르칩니다.

◉ 유교의 인욕을 버리는 훈련은 **훌륭한** 가르침입니다.
불교의 욕심이 없는 무아의 고요한 상태는 **주옥같은** 가르침입니다.
그러나 거기에는 **영원한 생명**을 향한 *구원의 길*은 보이지 않습니다.

제12장 구원의 은혜

구원은 **사망**의 원인이 되는 죄를 용서받고 **영생**을 얻는 것입니다. 아

⑤ 〈과학〉 **생명 연장과 영원한 생명**

◉ 생명과학에서는 **생명 연장**에 관한 연구가 진행되고 있습니다.
생명과학에서는 줄기세포 치료를 통해서 **생명**의 연장을 시도하고 있습니다.
생명과학에서는 유전자 편집과 디자인으로 **영생**을 꿈꾸고 있습니다.

그러나 생명과학은 인류를 **영생**으로 인도하지는 못할 것입니다.
생명과학은 시간의 흐름을 **거역할** 수 없기 때문입니다.
인간은 시간 안에서 **숙명적**으로 죽게 되어 있기 때문입니다.

첨단 생명과학의 **영생**을 향한 노력에는 한계가 있습니다.

구원은 예수 그리스도를 믿는 **영적 지평**에서 이루어지는 것입니다. 아

◉ 자연 생물들은 생존을 위해서 **경쟁**합니다.
자연 생물들은 생존**경쟁**에서 **죄**가 불가피하다는 것입니다.
자연에서는 경쟁하고 **투쟁**하면서 **죄**를 당연히 행한다는 것입니다.

〈윌슨 Edward Wilson〉

진화론에는 근본적인 **도덕**의 당위성이 없습니다.
진화론은 도덕을 **생존**을 위해서 만든 것으로 해석하고 있습니다.

차세대 제자훈련: 문명 위에 성경

진화론에는 **죄**를 해결하는 아이디어가 없습니다.

진화론에 익숙한 도덕의 당위성이 없는 사회는 **위험한** 것입니다.
진화론에 익숙한 사람들은 도덕적 **가치관**이 약합니다.

◉ **무도덕** 사회를 원하는 사람은 **아무도** 없을 것입니다.
무도덕 사회는 **현실적**으로 불가능한 것입니다.
인간은 **양심**과 선악을 구별하는 **지혜**가 있기 때문입니다. 아

　　지혜와 양심은 **도덕**을 향하게 합니다. 아
　　지혜와 양심은 죄를 깨닫고 의를 향하게 합니다.
　　지혜와 양심은 그리스도를 영접하고 **구원**을 얻게 합니다.

　　진화론은 생명 현상의 부분적인 면을 다룬 단편적인 과학입니다.
　　진화론은 모든 것을 **생존 수단**으로만 해석하는 편협된 것입니다.
　　진화론은 세상의 모든 것을 해석할 수 있는 것이 아닙니다.

◉ 문명은 삶의 질 **개선**과 **안녕**을 목표로 진전해왔습니다.
그러나 현대 문명의 흐름은 인류의 **안녕**을 향하지 못하고 있습니다.

　　현대 문명은 **과잉경쟁**으로 흐르고 있습니다.
　　현대 경제는 이기적인 소유 욕망으로 피나는 **경쟁**을 하고 있습니다.
　　현대 사회는 지나친 서열 **경쟁**과 반칙들이 있습니다.

제12장 구원의 은혜

문명사회에는 지속적인 **평안**과 **기쁨**이 없습니다.
문명사회 이면에 이기적인 탐욕 **경쟁**이 있기 때문입니다.
문명은 지속적인 **평안**과 **영원한 생명**으로 안내하지 못할 것입니다.

요한계시록 3:20
◉ 볼지어다 내가 문 밖에 서서 두드리노니 **누구든지** 내 **음성**을 듣고 문을 열면 내가 그에게로 **들어가** 그와 더불어 먹고 그는 나와 더불어 먹으리라 [아]

오직 예수 그리스도와 더불어 살면 지속적인 **평안**이 있습니다.
예수 그리스도만이 **영원한 생명**과 **평안**을 주실 수 있습니다. [아]
예수님을 믿고 **마음**의 문을 **열면** 주님께서 우리 안에 들어오십니다. [아]

요한계시록 3:20
귀 있는 자는 성령이 교회들에게 하시는 **말씀**을 들을지어다 [아]

예수 그리스도를 영접하는 자는 **평안**과 **영생**의 구원에 이를 수 있습니다. [아]

⑥ 〈신앙〉 **크리스천 신앙의 핵심**

구원은 **죄로** 인한 죽음에서 영원한 **생명**을 얻는 것임을 믿습니다. 아

구원은 하나님의 **사랑**과 **은혜로** 이루어지는 것임을 믿습니다. 아

예수님의 십자가 보혈을 **믿으면** 죄 사함을 받음을 믿습니다. 아

죄 사함을 받고 **의롭다 칭함**을 얻으면 구원받은 것임을 믿습니다. 아

칭의를 받은 사람은 **초기성화**가 시작된 것임을 믿습니다. 아

초기성화부터 점진적으로 **그리스도의 형상**을 닮아감을 믿습니다. 아

우리는 성화 과정을 통해서 **온전한** 크리스천이 될 수 있음을 믿습니다. 아

1. 구원의 찬송 **"비전"** (우리 보좌 앞에 모였네)을 감동적으로 찬양합니다.
2. 크리스천 신앙을 생각하면서 **3분** 동안 **합심하여 간절히 기도**합니다.
3. **주기도문**으로 마친 후에 주 안에서 아름다운 **친교**를 합니다.

제 13 장   교회 공동체

Church

Church

13. 교회 공동체

① <질문> 교회는 왜 인류의 가장 **오래된** 공동체일까?

② <성경> 믿는 자들의 **공동체 교회**

③ <신학> **말씀, 교육, 친교**의 교회

④ <인문학> 종교 공동체와 **진리**의 공동체

⑤ <과학> 생존의 공동체와 **영생**의 공동체

⑥ <신앙> 크리스천 신앙의 **핵심**

① ⟨질문⟩ 교회는 왜 인류의 가장 오래된 공동체일까?

◉ **건물**은 일정 기간이 지나면 노후 되어 무너지고 없어집니다.
국가나 사회조직도 일정 기간 있다가 망하고 사라집니다.
영원한 국가나 사회조직은 없습니다.

그러나 **교회**는 없어지지 않고 *계속해서* 존재합니다. 아

    교회는 영원한 **하나님 나라**를 위해서 세워졌기 때문입니다. 아
    교회는 **하나님 나라**의 확장을 위한 길이기 때문입니다. 아
    교회는 영원한 **생명**의 공동체로서 **구원**의 **방주**이기 때문입니다. 아

◉ 교회를 **건물**로 생각하는 사람들이 있습니다.
건물 위에 **십자가**가 있는 것이 교회라고 생각합니다.
그러나 교회는 **건물**이 아닙니다.

    교회 건물은 하나님께 예배드리는 **장소**입니다.
    교회 건물은 신자들이 교육과 친교를 하는 **처소**입니다.
    교회 건물은 신자들이 기도하는 **집**입니다.

교회 건물의 아름다움은 하나님을 향한 성스러운 **경배**를 의미합니다.

교회 건물은 **예배**를 위해서 필요합니다. 아

교회 건물은 **교육**과 **친교**를 위해서 필요합니다. 아

그러나 교회의 건물은 **필수적인** 것은 아닙니다.

◉ 야외에서 혹은 사무실에서 **예배**하고 **교육**하며 **친교** 할 수 있습니다. 아

지하동굴 무덤에서도 예배드릴 수 있습니다. 아

높은 **산꼭대기**에서도 예배드리고 교육할 수 있습니다. 아

사막 한가운데에서도 예배드리고 친교 할 수 있습니다. 아

언제 어디서나 예배하는 교회는 인류의 가장 **오래된** 공동체입니다. 아

교회는 영원한 **생명**의 공동체이기 때문입니다. 아

교회는 세상의 **권세**가 이기지 못하기 때문입니다. 아

② 〈성경〉 **믿는 자들의 공동체 교회**

◉ 교회는 예수 그리스도를 믿는 사람들의 **공동체**입니다. 아

교회는 예수 그리스도께서 **친히** 세우신 믿는 자들의 공동체입니다. 아

교회는 예수님께서 베드로라는 **반석** 위에 세우셨습니다. 아

교회는 반석 위에 있으므로 **세상**의 권세가 *이기지* 못합니다. 아

차세대 제자훈련: 문명 위에 성경

마태복음 16:18
또 내가 네게 이르노니 너는 베드로라 내가 이 **반석** 위에 내 **교회**를 세우리니 **음부**의 권세가 이기지 못하리라 아

두세 사람이라도 주님의 이름으로 모이면 **교회**입니다. 아

마태복음 18:20
두세 사람이 내 이름으로 **모인 곳**에는 나도 그들 중에 있느니라 아

◉ 교회는 전능하신 하나님께 **경배**하는 곳입니다. 아
교회는 영이신 하나님께 신령과 진리로 **예배**하는 곳입니다. 아
교회는 성령께서 **능력**으로 역사하시는 곳입니다. 아

요한복음 4:24
하나님은 영이시니 예배하는 자가 영과 진리로 **예배**할지니라 아

◉ 예배하는 자에게는 하나님의 **은혜**와 **축복**이 임합니다. 아
예배하는 자에게는 하나님께서 **평안**과 **기쁨**을 주십니다. 아
예배하는 자는 성령의 **능력**을 부여받게 됩니다. 아

로마서 15:13
소망의 하나님이 모든 **기쁨**과 **평강**을 믿음 안에서 너희에게 충만하게 하사 **성령의 능력**으로 소망이 넘치게 하시기를 원하노라 아

제13장 교회 공동체

◉ 교회는 유기체적인 **몸**의 **특성**이 있습니다.
교회는 인간의 몸처럼 여러 **기관**으로 되어 있습니다.
교회에는 여러 **직분**과 **사역**이 있습니다. 아

고린도전서 12:27
너희는 그리스도의 몸이요 지체의 **각 부분**이라 아

로마서 12:5
이와 같이 우리 많은 사람이 그리스도 안에서 **한 몸**이 되어 서로 **지체**가 되었느니라 아

고린도전서 12:28
하나님이 교회 중에 몇을 세우셨으니 첫째는 **사도**요 둘째는 **선지자**요 셋째는 **교사**요 그 다음은 능력을 행하는 자요 그 다음은 **병 고치는** 은사와 서로 돕는 것과 다스리는 것과 각종 방언을 말하는 것이라 아

◉ 교회에 속한 교인들은 모두 교회 **사역**을 합니다.
교회는 *몸의 각 부분의 기능처럼* 모든 교인이 **맡은바** 사역이 있습니다.
교회는 교인들의 사역을 통해서 계속 성장해갑니다.

교회에는 *가르치고 돕고 관리하는* 다양한 **은사**가 있습니다. 아
교회는 믿음으로 병을 고치는 **성령**의 **역사**가 있습니다. 아
교회의 여러 사역은 **그리스도의 몸**을 온전히 이루는 것입니다. 아

온전하게 형성되는 그리스도의 몸은 교회의 **확장**으로 이어집니다. 아

③ 〈신학〉 **말씀, 교육, 친교의 교회**

◉ 교회는 하나님 **말씀 선포**가 이루어지는 곳입니다.
교회는 하나님의 **구원 메시지** 즉 케리그마 *kerygma*가 선포되는 곳입니다.
교회는 하나님의 말씀 선포를 통해서 구원의 **은혜**를 체험하는 곳입니다. 아

교회는 말씀의 **양육**이 이루어지는 곳입니다.
교회는 말씀의 **교육** 즉 디다케 *didache*가 있는 곳입니다.
교회는 말씀을 서로 나누고 교육하는 **제자훈련**이 있는 곳입니다. 아

교회는 크리스천의 **친교**가 이루어지는 곳입니다.
교회는 성도의 **교제** 즉 코이노니아 *koinonia*가 이루어지는 곳입니다.
교회는 그리스도의 사랑을 서로 나누는 믿음의 **교제**를 하는 곳입니다. 아

빌레몬서 1:6
이로써 네 믿음의 **교제**가 우리 가운데 있는 **선**을 알게 하고 그리스도
께 이르도록 역사하느니라 아

성도의 **친교**는 *하나님의 선*을 알게 하고 그리스도와 동행하게 합니다. 아

◉ 교회에서는 *성스러운 예식* 즉 **성례**가 베풀어지는 곳입니다. 아

성례는 하나님의 성스러운 **은혜**의 **통로**입니다. 아

성례는 하나님의 **은혜**를 실제로 체험하는 것입니다. 아

◉ 교회는 성례로서 **세례**를 집례하는 곳입니다.

세례는 새로 중생한 사람에게 베풀어지는 공적인 신앙 **간증**입니다. 아

세례를 받은 *사람*은 교회의 구원받은 **정회원**이 됩니다.

> 갈라디아서 3:26-27
>
> 너희가 다 믿음으로 말미암아 그리스도 예수 안에서 하나님의 아들이 되었으니 누구든지 그리스도와 합하여 **세례**를 받은 자는 그리스도로 옷입었느니라 아

세례를 받은 사람은 그리스도의 옷을 입은 **크리스천**입니다. 아

크리스천은 새 생명을 가진 하나님의 **자녀**입니다. 아

◉ 교회는 성례로서 **성찬식**을 집례하는 곳입니다.

교회의 성찬식은 그리스도의 .**보혈**과 **구원**의 *은혜*를 기념하는 것입니다. 아

십자가 **보혈**의 은혜를 아는 사람만 **성찬식**에 참여할 수 있습니다. 아

> 요한복음 6:53
>
> 예수께서 이르시되 내가 진실로 진실로 너희에게 이르노니 인자의 살을 먹지 아니하고 인자의 피를 마시지 아니하면 너희 속에 **생명**이 없느니라 아

차세대 제자훈련: 문명 위에 성경

누가복음 22:19
이것은 너희를 위하여 주는 내 몸이라 너희가 이를 행하여 나를
기념하라 하시고

요한복음 6:55
내 **살**은 참된 양식이요 내 **피**는 참된 음료로다. 내 **살**을 먹고 내 **피**를
마시는 자는 내 안에 거하고 나도 그의 **안에** 거하나니 아

◉ 성찬식은 예수님의 몸과 피를 나타내는 떡과 포도주를 취하는 **성례**입니다.
성령께서 성찬에 임재하셔서 **구원**의 **은혜**를 체험하게 하십니다. 아
성도는 성찬식에 참여하면서 **구원**의 **은혜**를 확신하게 되는 것입니다. 아

마태복음 26:26-27
그들이 먹을 때에 예수께서 **떡**을 가지사 축복하시고 떼어 제자들에게
주시며 이르시되 받아서 먹으라 이것은 **내 몸**이니라 하시고

또 **잔**을 가지사 감사 기도 하시고 그들에게 주시며 이르시되 너희가
다 이것을 마시라 이것은 죄 사함을 얻게 하려고 많은 사람을 위하여
흘리는 바 **나의 피** 곧 **언약**의 피니라 아

◉ 크리스천은 하나님께 예배하고 **헌신해야** 합니다. 아
크리스천은 마음에 **정한** 대로 헌금을 드리고 **헌신해야** 합니다. 아
크리스천은 **헌신**을 통해서 하나님의 **사랑**과 **축복**을 받을 수 있습니다. 아

제13장 교회 공동체

고린도후서 9:7
각각 그 마음에 **정한** 대로 할 것이요 인색함으로나 억지로 하지 말지
니 하나님은 즐겨 내는 자를 **사랑**하시느니라 애

신명기 28:6
네가 들어와도 복을 받고 나가도 **복**을 받을 것이니라 애

에베소서 1:3
찬송하리로다 하나님 곧 우리 주 예수 그리스도의 아버지께서 그리스
도 안에서 하늘에 속한 모든 신령한 **복**을 우리에게 주시되 애

⦿ 교회가 **건강**하면 반드시 성장합니다. 애
교회가 성장하지 않으면 **건강**하지 않다는 증거입니다.
건강한 교회는 **말씀, 교육, 친교**가 있는 곳입니다. 애

교회는 **성령**께서 **거하시는** 성전입니다. 애
교회는 **성령의 능력**이 역사하시는 곳입니다. 애
성령의 능력이 역사하시는 교회는 반드시 **성장**합니다. 애

⦿ 교회는 악한 세력이 있는 세상과 **타협**하지 않습니다. 애
교회는 음부 권세를 이기는 **승리**의 성전입니다. 애
교회는 세상의 아픈 도전을 능히 **극복**하게 하는 곳입니다. 애

교회는 하나님을 믿는 자들의 **공동체**입니다. 애

차세대 제자훈련: 문명 위에 성경

교회는 하나님께 **경배**하고 **헌신**하는 곳입니다. 아

교회는 하나님의 **은혜**와 **축복**을 받는 곳입니다. 아

교회는 **하나님 나라**를 미리 체험하는 *신성한 곳입니다.* 아

④ 〈인문학〉 **종교 공동체와 진리의 공동체**

◉ 예배는 자신을 **성별하여** 하나님께 드리는 것입니다.

예배는 **성스러움**을 경험하는 경건한 예식입니다.

예배의 성스러움은 하나님에 대한 **경외감**을 갖는 것입니다.

예배의 성스러움은 하나님께 경배하면서 **환희**를 체험하는 것입니다.

〈오토 Rudolf Otto〉

예배를 통한 **성스러움**의 체험은 세상에 없는 숭고한 것입니다. 아

예배는 **환희**의 생명 양식을 **값없이** 은혜로 받는 것입니다. 아

이사야 55:1

오호라 너희 모든 목마른 자들아 물로 나아오라 돈 없는 자도 오라 너

희는 와서 사 먹되 돈 없이, 값 없이 와서 포도주와 젖을 사라 아

◉ 신앙의 **상징**이 성스러움을 경험하게 한다는 견해가 있습니다.

신앙의 **상징**이 더러운 세상에서 **성스러움으로** 인도한다는 것입니다.

신앙의 **상징**을 순수하게 **만날** 때 성스러움을 경험한다는 것입니다.

〈엘리아데 Marcia Eliade〉

이러한 것은 신앙의 **외적** 현상만을 묘사한 것입니다.
교회에서 선포된 말씀은 **상징** 위에 **생명**의 **말씀**입니다. 아
생명의 말씀은 **심령** 골수를 쪼개는 **능력**이 있습니다. 아

⦿ 교회는 메마른 사회를 부드럽게 하는 **유화적** 기능이 있습니다.
교회 공동체는 일체감과 소속감으로 **집단결속**을 강화합니다.
교회 공동체는 상호 협동과 의존으로 고난을 **견디게** 합니다.

〈뒤르캥 Emil Durkheim〉

교회는 사회적으로 **긍정적** 기능을 하는 것은 사실입니다.
교회는 사회를 변화시키는 역동적인 **능력**이 있는 것도 사실입니다.
그러나 교회는 먼저 **하나님 나라**를 위한 공동체라는 사실입니다. 아

⦿ 교인들은 성실함으로 **부의 축복**을 누리며 살 수 있습니다. 아
유럽의 교인들은 하나님의 영광을 위해 **신실하게** 일해서 부를 가졌습니다.
유럽의 부는 **신앙**과 **자본주의**가 융합해서 이룬 것입니다.

〈막스 베버 Max Weber〉

온전한 성도는 신앙과 성실함으로 **부의 축복**을 받을 수 있습니다. 아

⦿ **사회**가 곧 교회라는 급진적인 견해가 있습니다.

차세대 제자훈련: 문명 위에 성경

교회에서 잃어버린 양이 **사회**에 있기 때문입니다.
교회와 사회를 **하나**로 생각하는 것입니다.

〈밀뱅크 John Milbank〉

그러나 교회는 악한 세력이 있는 세상과는 **구별된** 곳입니다. 아
교회는 잃은 양을 찾아 **거룩한** 백성이 되게 하는 곳입니다. 아
교회는 하나님을 모르는 세상과 구별된 **거룩한** 곳입니다. 아

여호수아 5:15
.... 네 발에서 신을 벗으라 네가 선 곳은 **거룩**하니라 하니 여호수아가
그대로 행하니라 아

⑤ 〈과학〉 **생존의 공동체와 영생의 공동체**

◉ 인간의 사회적인 뇌는 생존을 위해 **공동체**를 형성합니다.
사회적인 뇌는 여러 사람이 공감할 수 있는 **집단의식**을 형성합니다.
사회적인 뇌의 집단의식은 생존을 위한 **사회질서**와 법률을 만듭니다.

〈가자니가 Michael Gazzaniga〉

교회는 생존 공동체를 넘어 **영생**의 공동체입니다. 아
교회는 사회적 공동체를 넘어 예수님의 **사랑**의 공동체입니다. 아
교회는 진정한 이타적인 사랑의 **공동체**입니다. 아

⊙ 인류의 **협동**이 문명의 발달을 이룬 것으로 보는 견해가 있습니다.
협동으로 거대한 **문명**과 **국가**를 만들었다는 것입니다.
그런데 협동에 의한 가장 성공적인 공동체는 **교회**라는 것입니다.

〈하라리 Yuval Harari〉

교회는 생존을 위한 협동을 넘어 **영생**의 공동체이기 때문입니다. 아

⊙ 교회는 사회적 뇌의 **협동** 현상으로 보이는 면이 있습니다.
교회는 생존을 위한 **협력**공동체로 보일 수 있습니다.
교회는 인간의 **사회성**에 의한 친교공동체로 보일 수 있습니다.

교회는 서로 돕고 **사랑**하는 공동체이기 때문입니다.

그러나 교회는 **하나님**을 믿는 자들의 공동체입니다. 아
교회는 영원하신 하나님께 **경배**하고 **헌신**하는 공동체입니다. 아
교회는 영원한 **생명**을 가진 자들의 공동체입니다. 아

교회는 영원한 **하나님 나라**를 미리 체험하는 *성스러운 공동체입니다.* 아

⑥ ⟨신앙⟩ 크리스천 신앙의 핵심

우리는 교회가 하나님을 믿는 자들의 **공동체**임을 믿습니다. 아

교회는 하나님께 **예배**하고 **헌신**하는 곳임을 믿습니다. 아

교회는 하나님의 **말씀**이 선포되는 곳임을 믿습니다. 아

교회는 하나님의 진리를 **교육**하는 곳임을 믿습니다. 아

교회는 예수님의 사랑의 **친교**를 하는 곳임을 믿습니다. 아

교회는 성령께서 **능력**으로 역사하는 곳임을 믿습니다. 아

교회는 **하나님 나라**를 확장하는 길임을 믿습니다. 아

1. 교회의 부흥 찬송 **"부흥"** (이 땅의 황무함을 보소서)을 감동적으로 찬양합니다.
2. 크리스천 신앙을 생각하면서 **3분** 동안 **합심하여 간절히 기도**합니다.
3. **주기도문**으로 마친 후에 주 안에서 아름다운 **친교**를 합니다.

제13장 교회 공동체

제 14 장   종말과 부활의 미래

Resurrection

Resurrection

14. 종말과 부활의 미래

① 〈질문〉 과학은 부활을 **불가능한** 것으로 생각할까?

② 〈성경〉 정해진 이치의 **죽음과 부활**

③ 〈신학〉 죽음은 영혼과 육체의 **분리**

④ 〈인문학〉 일시적인 생명과 **영원한 생명**

⑤ 〈과학〉 삶과 죽음은 **원자 배열**의 차이

⑥ 〈신앙〉 크리스천 신앙의 **핵심**

차세대 제자훈련: 문명 위에 성경

① ⟨질문⟩ 과학은 부활을 불가능한 것으로 생각할까?

◉ 명석한 인간은 **먼 미래**를 생각할 수 있습니다.
명석한 인간은 먼 미래에 있게 될 세상의 **종말**에 대해서 상상합니다.
명석한 인간이 만든 첨단 과학은 세상의 **종말**에 관하여 탐구하고 있습니다.

세상의 **종말**은 정말로 올까?
최근 **과학**은 세상의 미래에 대해서 어디까지 알고 있을까?
죽은 후에 **인간**은 완전히 없어지는 것일까?

과학은 **죽음**을 당연한 생물학적 이치로 생각하고 있습니다.
첨단 과학은 세상의 **종말**을 기정사실로 믿고 있습니다.

성경은 인간의 **죽음**을 정해진 이치로 증거하고 있습니다. 아
성경은 세상의 **종말**을 기정사실로 증거하고 있습니다. 아

◉ 과학은 **죽은 몸**이 완전히 소멸하는 것이 아니라고 합니다.
과학은 **죽은 몸**의 유전자가 약 25,000년 존재한다고 합니다.
과학은 **세포**를 구성하는 **원자**는 죽어도 없어지는 것이 아니라고 합니다.

몸에 있던 **에너지**도 사라지는 것이 아니라는 것입니다.
몸에 있던 **의식**도 사라지는 것이 아니라고 합니다.
몸의 **원자 에너지 의식**은 죽은 후에도 세상 어디엔가 **있다**는 것입니다.

제14장 종말과 부활의 미래

물리학에서는 죽음을 육신의 끝으로 생각하지 않고 있습니다.
몸을 구성했던 **원자 에너지 의식**은 계속해서 존재하기 때문입니다.
몸을 구성했던 요소는 사후에 **다른 모습**으로 계속 있기 때문입니다.

② <성경> 정해진 이치의 죽음과 부활

◉ 인간은 예외 없이 모두 **한번**은 죽게 되어 있습니다.

　　히브리서 9:27
한번 죽는 것은 사람에게 **정해진** 것이요 그 후에는 **심판**이 있으리니 [아]

　　시편 90:10
우리의 연수가 칠십이요 강건하면 팔십이라도 그 연수의 자랑은 수고와 슬픔
뿐이요 **신속히** 가니 우리가 날아가나이다 [아]

　　인간은 운명적인 **죽음**을 피할 수 없습니다.
　　인간은 운명적인 죽음을 생각하면서 인생의 **무상함**을 느낍니다.
　　인간은 화살 같은 인생은 수고와 **슬픔**뿐이라는 사실에 안타까워합니다.

　　전도서 1:2
◉ 전도자가 이르되 헛되고 헛되며 헛되고 헛되니 모든 것이 **헛되도다** [아]

솔로몬은 이스라엘의 최고의 **왕권**을 갖고 있었습니다.

차세대 제자훈련: 문명 위에 성경

솔로몬은 많은 재물과 **명예**가 있었습니다.
그런데 솔로몬은 **왕권**도 헛되고 **재물**도 헛되며 **명예도 헛되다**고 했습니다.

야고보서 4:14
내일 일을 너희가 알지 못하는도다 너희 **생명**이 무엇이냐 너희는 잠깐
보이다가 없어지는 **안개**니라 〔아〕

인생은 잠깐 보이다가 없어지는 안개와 같은 것입니다. 〔아〕
안개와 같은 인생에서 **헛된** 일에 집착하는 것은 안타까운 일입니다.

◉ 세상에는 처음과 **마지막**이 있습니다.
세상에는 창조가 있고 **종말**이 있습니다.
세상의 처음과 **마지막**은 전능하신 하나님의 경영 안에 있습니다. 〔아〕

요한계시록 22:13
나는 알파와 **오메가**요 처음과 마지막이요 시작과 **마침이라** 〔아〕

요한계시록 1:8
주 하나님이 이르시되 나는 알파와 **오메가**라 이제도 있고 전에도 있었
고 장차 올 자요 **전능한** 자라 하시더라 〔아〕

◉ 성경은 **죽음**이 끝이 아니며, **부활**이 있다고 증거하고 있습니다. 〔아〕
성경은 여호와를 경외한 선한 자는 **생명**의 부활을 한다고 전하고 있습니다. 〔아〕
성경은 하나님을 거역한 악한 자는 **심판**의 부활을 한다고 전하고 있습니다. 〔아〕

제14장 종말과 부활의 미래

요한복음 5:29

선한 일을 행한 자는 **생명**의 부활로, 악한 일을 행한 자는 **심판**의 부활로 나오리라 ⑩

◉ 예수 그리스도를 믿고 중생한 자에게는 **생명**의 **부활**이 있습니다. ⑩
예수 그리스도를 믿지 않는 자는 **진노**의 **심판**이 임할 것입니다. ⑩

요한복음 3:18

그를 믿는 자는 **심판**을 받지 아니하는 것이요 믿지 아니하는 자는 하나님의 독생자의 이름을 믿지 아니하므로 벌써 **심판**을 받은 것이니라

요한복음 3:36

아들을 믿는 자에게는 **영생**이 있고 아들에게 순종하지 아니하는 자는 영생을 보지 못하고 도리어 하나님의 **진노**가 그 위에 머물러 있느니라 ⑩

◉ 세상 마지막 날에 **부활**과 **심판**은 반드시 있을 것입니다.
예수 그리스도께서 다시 강림하실 때 **부활**과 **심판**이 있을 것입니다. ⑩
예수님께서 다시 오셔서 의롭고 **진실하게** 심판하실 것입니다. ⑩

시편 96:13

그가 임하시되 땅을 **심판**하러 임하실 것임이라 그가 **의**로 세계를 심판하시며 그의 **진실하심**으로 백성을 **심판**하시리로다 ⑩

◉ 진노의 심판을 피하는 길은 항상 깨어 믿음 안에 있어야 합니다. 아

항상 깨어 **기도**하면서 **온전한** 크리스천을 유지해야 합니다. 아

항상 깨어서 지혜와 명철로 하나님을 **경외**해야 합니다. 아

누가복음 21:36

이러므로 너희는 **장차** 올 이 모든 일을 능히 피하고 인자 앞에 서도록 항상 **기도**하며 **깨어** 있으라 하시니라 아

잠언 9:10

여호와를 경외하는 것이 **지혜**의 근본이요 거룩하신 자를 아는 것이 **명철**이니라 아

마지막 심판의 날은 아무도 알지 못합니다.

아무도 알지 못하는 심판의 날에 대한 대비를 위해 항상 깨어 있어야 합니다.

요한계시록 3:3

.... 내가 도둑 같이 이르리니 어느 때에 네게 이를는지 네가 알지 못하리라 아

◉ **생명**의 면류관은 신실한 크리스천이 심판 날에 받게 될 것입니다.

생명의 면류관은 **현재** 크리스천의 삶을 올바르게 합니다.

생명의 면류관은 주님을 **경배**하며 **희망**의 삶을 살게 합니다.

〈몰트만 Jürgen Moltmann〉

제14장 종말과 부활의 미래

◉ 세상에는 삶을 어렵게 하는 아픈 시련과 고난이 있습니다.
생명의 면류관이 보장된 사람에게도 세상의 시련과 고난이 있습니다.
생명의 면류관이 보장된 사람은 세상의 시련을 능히 **이겨낼** 수 있습니다. 아

　　　야고보서 1:12
　　시험을 참는 자는 복이 있나니 이는 **시련**을 견디어 낸 자가 주께서 자
　　기를 사랑하는 자들에게 약속하신 **생명**의 면류관을 얻을 것이기 때문
　　이라 아

③ 〈신학〉 **죽음은 영혼과 육체의 분리**

◉ 죽음은 영혼과 육체가 **분리**되는 것입니다.
육체는 흙에서 왔기 때문에 죽으면 **흙으로** 돌아갑니다.
영혼은 죽지 않고 잠자는 상태에서 우주에 **머물게** 됩니다.

　　잠자는 영혼은 주님의 **음성**을 들을 수 있는 상태에 있습니다.
　　주님이 **강림**하실 때 호령과 나팔 소리를 듣고 일어날 수 있습니다.
　　주님의 음성을 들은 영혼은 썩지 아니할 몸과 결합하여 **부활**합니다.

　　　데살로니가전서 4:16
　　주께서 **호령**과 천사장의 소리와 하나님의 **나팔** 소리로 친히 하늘로부
　　터 **강림**하시리니 그리스도 안에서 죽은 자들이 먼저 **일어나고** 아

차세대 제자훈련: 문명 위에 성경

고린도전서 15:52
나팔 소리가 나매 죽은 자들이 썩지 아니할 것으로 다시 **살아나고** 우리도 변화되리라 아

◉ 모든 인류는 죽은 후에 **부활**하게 되어 있습니다. 아
부활은 씨앗이 썩으면 그 속에서 새로운 **생명**이 자라나는 것과 같습니다. 아
부활은 몸이 죽은 후에 썩어 분해되었다가 다시 일어나는 것입니다. 아

고린도전서 15:36
어리석은 자여 네가 뿌리는 씨가 죽지 않으면 **살아나지** 못하겠고 아

고린도전서 15: 42-44
죽은 자의 **부활**도 그와 같으니 썩을 것으로 심고 썩지 아니할 것으로 다시 살아나며 .... 육의 몸으로 심고 신령한 몸으로 다시 **살아나나니** 육의 몸이 있은즉 또 영의 몸도 있느니라 아

부활은 **영혼**이 썩지 아니할 몸과 결합하여 일어나는 것입니다. 아

◉ **부활**은 죽을 당시의 몸의 모습으로 부활하지 않습니다. 아

시각 장애인은 시각 **장애**의 상태로 부활하지 않습니다.
교통사고로 죽은 사람은 사고 당시 **깨진** 몸으로 부활하지 않습니다.
세상을 벗어난 썩지 아니할 몸으로 **부활**합니다. 아

제14장 종말과 부활의 미래

고린도전서 15:49

우리가 흙에 속한 자의 형상을 입은 것 같이 또한 **하늘에 속한** 이의 형상을 입으리라 🄐

◉ 믿는 자의 부활은 하늘에 속한 **형상**을 입게 될 것입니다. 🄐
믿는 자의 부활은 **영원한** 하나님 나라에 거하게 할 것입니다. 🄐

요한계시록 21:1

또 내가 **새 하늘**과 **새 땅**을 보니 처음 하늘과 처음 땅이 없어졌고 바다도 다시 있지 않더라 🄐

새 하늘과 새 땅은 영원한 **하나님 나라**입니다. 🄐

④ <인문학> **일시적인 생명과 영원한 생명**

◉ 인류가 *가장 두려워하는 것*은 두말할 것 없이 **죽음**입니다.
인류의 죽음의 문제는 첨단 과학도 해결하지 못하고 있습니다.
인류의 죽음의 문제는 미래에 고도로 발달한 문명도 해결하지 못할 것입니다.

◉ 죽음을 어쩔 수 없는 삶의 **과정**으로 보는 견해가 있습니다.
삶과 죽음은 **연속적인 하나**의 과정이라는 것입니다.
삶과 죽음은 자연의 **이치**라고 생각합니다.

인간은 태어나서 늙고 병들어 **죽는다**는 것입니다.
인간은 병들어 죽으면 비어있는 **공**이 된다는 것입니다.

〈불교 佛敎〉

◉ 인간의 생명은 **윤회**한다는 견해가 있습니다.
인간은 죽은 후에 다른 생명체로 다시 태어난다는 것입니다.
이생의 공적에 따라 다음 세상에서 생명의 **등급**이 달라진다는 것입니다.

〈힌두교 Hinduism〉

삶과 죽음의 **연속** 과정은 죽음을 극복한 것이 아닙니다.
공으로 가는 것이 죽음을 해결한 것이 아닙니다.
윤회가 죽음의 문제를 해결한 것이 아닙니다.

◉ 죽음을 넘어서는 것은 부활과 영생입니다. 아
죽음 후에 있는 부활과 영생은 궁극적인 희망의 복음입니다. 아
예수 그리스도는 부활과 영생으로 인도하고 있습니다. 아

부활 후에는 *최후의* **심판**이 있습니다. 아

◉ 부활과 **심판**이 반드시 있어야 한다는 현명한 견해가 있습니다.
세상은 억울함과 **모순**으로 끝나서는 안 된다는 것입니다.
공평함과 정의의 **보상**은 반드시 있어야 한다는 것입니다.

〈톨스토이 Leo Tolstoy〉

제14장 종말과 부활의 미래

이 세상은 나쁜 사람의 **승리**로 끝나서는 안 된다는 것입니다.
정의를 *지키지 않은* 사람에 대한 정의의 **심판**이 필요하다는 것입니다.
사후에 정의의 **심판**은 반드시 있어야 한다는 것입니다.

〈칸트 Immanuel Kant〉

◉ 이들이 기대하는 **심판자**는 공의로우신 하나님이십니다.
세상의 끝날에는 하나님의 의로운 **심판**이 있을 것입니다. 아
세상 끝날의 **심판**은 하나님께서 친히 **정하신** 것입니다. 아

⑤ 〈과학〉 **삶과 죽음은 원자 배열의 차이**

◉ 의료과학에서는 죽음을 **숨**이 끊어지는 것으로 보고 있습니다.
의료과학에서는 죽음을 **심장**이 멈춘 상태로 보고 있습니다.
뇌과학에서는 죽음을 **뇌** 활동이 멈춘 상태로 보고 있습니다.

생명과학에서는 죽음을 **세포**의 *생물학적 시간의* 끝으로 봅니다.
세포 기능이 노화되어 세포 재생을 **멈춘** 것으로 보고 있습니다.
노화 원인은 **자외선** 해로운 화학물질 **스트레스**라고 추정하고 있습니다.

◉ 죽으면 인체 구성물질이 **해체**됩니다.
죽은 후에는 몸에 있는 **물**은 빠져나가 다른 곳으로 이동합니다.
남아 있는 몸의 유기체는 박테리아에 의해서 **분해되어 흙이** 됩니다.

몸에서 빠져나간 물은 다른 곳 어디엔가 있습니다.
몸을 구성했던 **원자**는 없어지지 않고 어디엔가 있습니다.
화장을 해도 몸을 구성했던 **원자**는 사라지는 것이 아닙니다.

죽음이란 살아 있을 때의 **원자**의 **배열**상태가 달라진 것뿐입니다.
이것은 과학이 발견한 "**질량 불변의 법칙**"입니다.

◉ 몸이 죽어도 **의식**은 죽지 않는다는 과학적 견해가 있습니다.
몸이 죽으면 **개인의식**은 **우주의식**에 연합한다는 것입니다.
우주의식과 함께 있는 개인의식은 **영원히** 있다는 것입니다.

〈펜로즈 Roger Penrose〉

영혼과 **의식**은 같은 것은 아닙니다.
하지만 영혼과 의식은 **상호** 작용을 합니다.

살았을 때의 몸의 **에너지**는 죽으면 없어지는 것이 아닙니다.
몸의 **에너지**는 죽은 후에도 사라지지 않고 어디엔가 있습니다.
이것은 과학이 발견한 "**에너지 보존의 법칙**"입니다.

몸을 구성했던 **원자 에너지 의식**은 죽은 후에도 세상에 남아 있습니다.

◉ 과학은 *오메가포인트*라는 세상 물리현상의 **종말**을 믿고 있습니다.
물리현상의 종말은 *원자와 시간과 공간이* 작동하지 않는 **공허**의 상태입니다.
지구와 별들이 *먼지에서 만들어지고* 다시 **먼지**로 돌아간 상태입니다.

제14장 종말과 부활의 미래

세상의 종말 후에 새 우주가 전개되는 **순환** 우주론을 믿는 사람도 있습니다. 오메가포인트 후에 **재창조**에 의한 *세상의 부활 가능성*도 있다는 것입니다.

〈커즈웨일 Ray Kurzweil〉

과학의 *새 우주*와 *재창조*는 성경의 새 **창조**와 같은 것이 아닙니다.

◉ 성경은 신비로운 **새 하늘**과 **새 땅**을 증거하고 있습니다. 아
새 하늘과 새 땅은 인류의 희망인 영원한 **하나님 나라**입니다. 아

　주의 **호령**과 나팔 소리가 나면서 주님께서 **강림**하실 것입니다. 아
　잠에서 깨어난 영혼은 흩어졌던 몸과 결합하여 **부활**할 것입니다. 아
　부활 후에는 준엄한 최후의 **심판**이 있을 것입니다. 아

◉ 믿는 자는 **하늘**에 속한 형체의 **부활**한 몸을 갖게 될 것입니다. 아
하늘에 속한 형체로 **부활**한 사람은 영원히 하나님 나라에 거할 것입니다. 아

　요한복음 11:25-26
　예수께서 이르시되 나는 **부활**이요 **생명**이니 나를 믿는 자는 죽어도 살
　겠고 무릇 살아서 나를 믿는 자는 **영원히** 죽지 아니하리니 이것을 네
　가 **믿느냐** 아

　아멘, 우리는 주님께서 말씀하신 **부활**과 **영생**의 진리를 믿습니다. 아

차세대 제자훈련: 문명 위에 성경

⑥ 〈신앙〉 크리스천 신앙의 핵심

우리는 인간의 **죽음**이 죄로 인한 정해진 이치임을 믿습니다. 아

주님께서 다시 강림하실 때 모든 인류는 **부활**하게 됨을 믿습니다. 아

모든 인류는 주님 앞에서 **심판**을 받게 됨을 믿습니다. 아

그리스도를 믿지 않은 자는 영원한 **형벌**을 받게 됨을 믿습니다. 아

그리스도를 믿는 자는 **하늘**에 속한 형체로 **부활**함을 믿습니다. 아

그리스도를 믿는 자는 영원한 **하나님 나라**의 백성이 됨을 믿습니다. 아

우리는 **하나님 나라**를 미리 체험하며 살 수 있음을 믿습니다. 아

1. 제자 찬송 **"주님 다시 오실 때까지"**를 감동적으로 찬양합니다.
2. 크리스천 신앙과 사명을 생각하면서 **3분** 동안 **합심하여 간절히 기도**합니다.
3. **주기도문**으로 마친 후에 주 안에서 아름다운 **친교**를 합니다.

제14장 종말과 부활의 미래

217

참고문헌

Aulén, Gustaf. *Christus Victor.* Wipf and Stock, 2003.

Barbour, Ian. *Religion and Science: Historical and Contemporary Issues.* Harper, 1997.

Barth, Karl. *The Epistle to the Romans.* Second ed., trans. Edwyn C. Hoskyns. London: Oxford University Press, 1933.

_____ . *Evangelical Theology: An Introduction.* Trans. Grover Foley. New York: Holt, Rinehart and Winston, 1963.

Bloesch, Donald. *The Ground of Certainty.* Grand Rapids: Eerdmans, 1971.

Buber, Martin. *I and Thou.* trans. R. Gregor Smith. New York: Charles Scribners's Sons, 1958.

Brunner, Emil. *Revelation and Reason: The Christian Doctrine of Faith and Knowledge.* Philadelphia: Westminster, 1946.

Bultmann, Rudolf. *Jesus Christ and Mythology.* New York: Charles Scribner's Sons, 1958.

Calvin, John. *The Institutes of Christian Religion.* ed. John McNeill, trans. Ford Lewis Battles. 2 vols. Philadelphia: The Westminster Press, 1967.

Chu Hsi & Lu Tsu-ch'ien. *Reflections on Things at Hand.* trans. & notes by

참고문헌

Wing-tsit Chan. New York: Columbia University Press, 1967.

Clooney, Francis X. *Comparative Theology: Deep Learning Across Religious Borders.* Wiley-Blackwell, 2010.

Cobb, John Jr. *Grace and Responsibility.* Nashville: Abingdon Press, 1995.

Collins, Kenneth. *The Theology of John Wesley: Holy Love and the Shape of Grace.* Nashville, TN: Abingdon Press, 2007.

Copelstone, F. *A History of Philosophy.* Westminster. MD: Newman, 1959.

Darwin, Charles. *The Origin of Species.* New York: Collier Macmillan, 1872.

Dawkins, Richard. *The Selfish Gene.* New York: Oxford University Press, 1989.

Dunning, Ray. *Grace, Faith, and Holiness.* Kansas City: Beacon Hill Press, 1988.

Eliade, Marcia. The Sacred and the Profane. trans. William R. trans. New York: Brace and World, 1959.

Ellis, John. *Against Deconstruction.* Princeton: Princeton University Press, 1989.

Farley, Edward. *Good and Evil.* Philadelphia: Fortress, 1990.

Gadamer, Hans-Georg. *Truth and Method.* New York: Seabury Press, 1975.

Gonzalez. Justo L. *A History of Christian Thought.* 3 vols. San Francisco: Harper and Row, 1984.

Gould, Stephen Jay, *Rocks of Ages: Science and Religion in the Fullness of Life.* New York: Ballantine Books, 1999.

Grenz, Stanley. *A Primer on Postmodernism.* Grand Rapids, MI: William Eerdman, 1996.

Grider, Kenneth. *A Wesleyan Holiness Theology.* Kansas City, MO: Beacon Hill Press, 1994.

Griffin, David Ray. T*wo Great Truths: A New Systhesis of scientific naturalism and Christian Faith.* Westminster John Knox Press, 2004.

Gutierrez, Gustavo. *A Theology of Liberation: History, Politics, and Salvation.* Maryknoll, NY: Orbis Books, 1973.

Harari, Yuval, *Sapiens: A Brief History of Humankind,* 2020.

_____ . *Homo Deus: A Brief History of Tomorrow,* 2018.

Harbermas, Jürgen. *The Theory of Communicative Action,* vol. 1, trans. Thomas McCarthy. Boston: Beacon Press, 1984.

Hartshorne, Charles. *The Divine Relativity.* New Haven: Yale University Press, 1948.

Hegel. G. W. F. *Phenomenology of Spirit.* trans. A. V. Miller. Oxford: Oxford University Press, 1977.

Husserl, Edmond. *Ideas: General Introduction to Pure Phenomenology.* trans. W. R. Boyce Gibson. New York: Macmillan Publishing Co., 1962.

James, William. *The Varieties of Religious Experience.* Double Day, 1978.

Kauffman, Stuart A. *Reinventing the Sacred: A New View of Science,*

Reason, and Religion. New York: Basic Books, 2008.

Kuhn, Thomas. *The Structure of Scientific Religions.* Chicago: University
of Chicago Press, 1962

Küng, Hans. *Global Responsibility.* New York: Contimuum Publishing
Co., 1991.

_____ . *Theology for the Third Millenium: An Ecumenical View.* New York:
Doubleday, 1988.

Kurzweil, Ray. *The Singularity is Near.* 2020.

Lindbeck, George. *The Nature of Doctrine: Religion and Theology in a Postliberal
Age.* The Westminster Press, 1984.

Luther. Martin. *Three Treatises: An Open Letter to the Christian
Nobility.* trans. C. M. Jacobs and 2 others. Philadelphia:
Muhlenberg Pres, 1943.

Lynch, David. *Twenty Questions: Theology for the Twenty First Century,*
2022.

MacIntyre, Alisdair. *After Virtue: A Study in Moral Theory,* 2nd ed.
Notre Dame, IN: Notre Dame University Press, 1984.

Macquarrie, John. *Principles of Christian Theology.* New York: Charles
Scribner's Sons, 1977.

Maddox, Randy L. *The Responsible Grace: John Wesley's Practical
Theology.* Kingswood Books, 1994.

McGrath, Alister E. *The Future of Christianity.* Blackwell Publishers, 2002.

Metz, Donald S. *Studies in Biblical Holiness.* Kansas City, MO: Beacon Hill Press of Kansas City, 1971.

Milbank, John. *Theology and Social Theory: Beyond Secular Reason.* Oxford: Blackwell, 1990.

Moltmann, Jurgen. *Science and Wisdom.* Fortress Press, 2003.

_____ . *God in Creation.* New York: Harper and Row, 1987.

Moore, John. *From Genesis to Genetics: The Case of Evolution and Creation.* Berkley: University of California Press, 2002.

Neville, Robert C. *God the Creator: On transcendence and Presence of God.* The University of Chicago Press, 1968.

Oden, Thomas C. *The Rebirth of Orthodoxy: Signs of New Life in Christianity.* New York: Harper San Francisco, 2003.

Otto, Rudolf. *The Idea of Holy.* trans. John W. Harvey. Oxford University Press, [1923] 1969.

Pannenberg, Wolfhart. *Christian Spirituality.* Philadelphia: The Westminster Press, 1983.

Polkinghorne, John. *Belief in God in an Age of Science.* Yale University Press, 1998.

Powell, Samuel M. & Michael E. Lodahl, ed., *Embodied Holiness: Toward A Coorperate Theology of Spiritual Growth.* InterVarsity Press, 1999.

Rahner, Karl. *Foundations of Christian Faith: An Introduction to the Idea of Christianity.* trans. William V. Dych. New York: Crossroad, 1989.

Rawls, John. *A Theory of Justice*. Belknap Press, 2005.

Rolston, Holmes. *Genes, Genesis, and God: Values and Their Origins in Natural and Human History*. New York: Cambridge University Press, 1999.

Sandel, Michael J. *Justice: What's the Right Thing to Do?* D & M Publishers, 2010.

_____ . *The Tyranny of Merit*, 2020.

Smith, James K. A. *Introducing Radical Orthodoxy: Mapping a Post-Secular Theology*. Grand Rapids, MI: Baker Academic, 2004.

Tillich, Paul. *Theology of Culture*. New York: OUP, 1964.

Toffler, Alvin. *The Third Wave*. New York: Bantam Books, 1980.

Tracy, David. *The Analogical Imagination: Christian Theology and the Culture of Pluralism*. New York: Crossroad, 1981.

Tu, Wei-ming. *Centrality and Commonality: An Essay on Confucian Religiousness*. State University of New York, 1989.

Vanhoozer, Kevin J. *First Theology: God, Scripture & Hermeneutics*. IVP, 2002.

Varela, Francisco J., Evan T. Thompson, and Eleanor Rosch. *The Embodied Mind*. MIT Press, 1992.

Wesley, John. *A Plain Account of Christian Perfection*. Beacon Hill Press of Kansas City, 1966.

Whitehead, Alfred North. *Process and Reality*. Corrected edition by David Ray Griffin and Donald W. Sherburne. New York: Macmillan Company, 1978.

223

Wiley, H. Orton. *Christian Theology*. 3 vols. Kansas City, MO: Beacon Hill Press, 1940.

Wilson, Edward. *The Diversity of Life*. Harvard University Press, 1992.

Wing-tsit Chan. trans. *A Source Book in Chinese Philosophy*. New Jersey: Princeton University Press, 1973.

Wynkoop, Mildred B. *A Theology of Love*. Kansas City: MO: Beacon Hill Press, 1972.

Yi T'oegye. *To Become a Sage: The Ten Diagrams on Sage Learning*. trans. and with Comm. by Michael C. Kalton. New York: Columbia University Press, 1988.